アイデアの99％

「1％のひらめき」を形にする3つの力

スコット・ベルスキ

関美和 訳

Making Ideas Happen

Overcoming the Obstacles Between Vision and Reality

by

Scott Belsky

英治出版

MAKING IDEAS HAPPEN

Overcoming the Obstacles Between Vision and Reality

by

Scott Belsky

This edition published by arrangement with Portfolio, a member of Penguin Group (USA) Inc. through Tuttle-Mori Agency, Inc., Tokyo

序章　アイデアを形にできないのはなぜだろう

すばらしいアイデアが必ずしも実現されるとは限りません――たまたま形になる、ということもないのです。すごいアイデアならそのうち形になるはずだという、これまでの考え方は間違っています。身近な問題をうまく解決する方法を思いついたり、作品の制作中にものすごく斬新な切り口がひらめいたりしても、そのビジョンを形にできるかどうかは、みなさん次第なのです。そして――次から次へと新しいひらめきを生み出す天賦の才がなくても、「アイデアを実現する」能力は私たちのだれもが身につけることができます。

この本は、斬新なアイデアを絵に描いた餅に終わらせず、現実のものにするための本です。クリエイティブな人たちは直観的に行動するというのが、世間一般の見方でしょう。即興でなにかを作ったり、勘で動いたりすることが、ある意味でクリエイティブな才能を持つことの証でもあります。ですが、クリエイターや起業家、そしてビジネスパーソンの中でずばぬけて生産性が高く、成功している人々をよく分析してみると、**実行力に秀でていること**がわかります。つまり、「アイデアを思いつくこと」は、プロセスのほんの一部にすぎません。おそらく全体の1％程度ではないでしょうか。

「天才とは1％のひらめきと99％の努力である」。トーマス・エジソンのこの名言は、読者のみなさんにもおなじみでしょう。クリエイティブな人たちにとって、ひらめきを生むのはそれほど難しいことではありません。ですが、それを実現するまでの99％とは、いったいどんなことなのでしょうか？　答えは、この本の中にあります。私は、アイデア実現力に優れた人たちの行動やスキルを6年にわたって研究し、そこで発見した**超実践的な使える技やコツ**をここに記しました。

アイデア実現力とは

この本では、輝かしい成果――さまざまな障害を乗り越えて実現されたアイデア――の陰にある実践の手法に光をあてています。ですがその前に、この本の中で使われる用語の解説と、読者の方（とそのアイデア）について私が想定していることをお話しておきたいと思います。

▼実現したいアイデアがある

どんな業界にいても、成功できるかどうかは、新しいアイデアを生み育て、それを実現できるかどうかにかかっています。それは、新製品や新規事業、次世代を代表するような小説のアイデアだけにとどまりません。読者のみなさんは、身の周りの問題への斬新な対処法を日々発見しているはずです。それなのに、みなさんのすばらしいアイデアは、ほとんど実現されずじまいではありませんか？　それは、**そもそも創造性に実行を妨げる性質があるからです。**ほとんどのアイデアが道半ばで埋もれたままになってしまうのはそのためなのです。だからこそ、仕事を（そして自分の人生を）導く立場にあるあなたには、創造性がアイデアの実現を妨げないようにする責任があるのです。

▼アイデア実現力＝発想力＋整理力＋仲間力＋統率力

この本で紹介するアイデア実現の手法やコツはすべて、この基本的なフレームワークがベースになっています。アイデアを生み出す能力だけでなく（この本では発想力については触れません）、整理する力、仲間を引き込む力、リーダーとして統率する力が1つになって、はじめてアイデアが実現されるのです。こうしたひとつひとつの力についてここで説明し、クリエイティブな仕事にこれらをどう活かせばいいかを考えてみましょう。

▼整理力を身につければ、アイデアを管理・実行できる

情報過多と常時接続があたりまえの現代社会では、賢く力を配分することが必要です。そうでないと、受け身の作業ばかりに流されてしまいます。溺れないためだけに、（前向きに取り組むのではなく）とりあえず目の前の仕事を片づけることで精いっぱいになるのです。

人生のすべてをプロジェクトだと思って取り組みましょう。どんなプロジェクトもたった

3つのことに落とし込むことができます。**「やるべき作業（アクション・ステップ）」「後回しにすること（バックバーナー）」「参考資料（レファレンス）」**の3つです。第1章で紹介する**アクション・メソッド**とは、生産性の高いクリエイティブなリーダーたちに共通の手法を組み合わせたものです。アクション・メソッドは、発想に偏りがちな私たちの生活や仕事を、より実践に重きを置いたものに変えることに役立ちます。このやり方をマスターすれば、物事に優先順位をつけ、エネルギーと注意力を正しく配分し、アイデアをしっかりと形にできるようになるはずです。

▼仲間力はお金に換えられない価値があり、しかもあなたの身の周りにある

アイデアは、1人では実現できません。周囲の人々にアイデアを伝え、仲間の力を借りてそれを磨くことが必要なのです。第2章では、アイデアをより魅力的なものにするこの「仲間力」について、詳しく説明したいと思います。

▼イノベーションを具現化するには、自分のスタイルに合った統率力が必要である

クリエイティブなプロジェクトを率いるためには、どうすればチームメンバーと自分自身が持てる力を発揮できるかを根本から見直すことが必要です。世の中で尊敬されるリーダーたちは、プロジェクト遂行への障害を乗り越えられるチームを築くことができる人たちです。また、完成までの過程で感じる不安やプレッシャーを克服し、逆にそれを活かそうと考えるのが、こ

うしたリーダーたちです。

アイデアは自然に生まれるものですが、それを実現するにはさまざまなことを乗り越えなければなりません。この本は、読者のみなさんが障害を乗り越えてアイデアを実現するための手法や考え方を身につけるための1冊です。

この本を書いたわけ

長い間、私はクリエイティブな人たちにちょっとしたもどかしさを感じていました。すばらしいアイデアを思いついても、日々の雑事や新しい別のことにすぐ気をとられてしまう友人や同僚を見るにつけ、すごくもったいないと思っていたのです。せっかくのアイデアをだれも実行しようとしないのは、私にとって歯がゆいことでした。仕事の経験を積み、大学院で勉強した後、その歯がゆさは強い興味に変わり、そのうちこれを仕事にしたいと思うようになりました。

ちょっと意外に思われるかもしれませんが、はじまりはゴールドマン・サックスでの経験です。私は、まず欧州株式の売買という、お決まりの金融の仕事につきましたが、その後社内の執行部——幹部育成や組織改革を専門に行う少人数のグループで、社員の間ではパイン・ストリートと呼ばれていました——に配属されることになったのです。私の仕事は革新的なリーダーを育てることでしたが、その対象には社内だけではなく大手のクライアント、たとえばヘッジファンドや急成長企業なども含まれていました。これが、アイデアを次々と実現させている経営者たちのベストプラクティスを学ぶ（そしてそれを伝える）またとない機会になったのです。

私は、こうしたベストプラクティスを発見し、報告しながら、急速に変化する環境の中で人材を管理しなければならない経営者たちの苦労をずっと観察し続けました。またこの時期に、職場の外でも、マンハッタンに住むさまざまなクリエイターたち——写真家、起業家、デザイナーなど——が障害を乗り越えてアイデアを実現できるように、彼らを手助けするようになりました。クリエイターたちのこうしたニーズは、それこそ限りないものでした。

パイン・ストリートでの経験から、クリエイティブな人々は生産性を上げるために最新の情報とリーダーの育成を真剣に必要としていることに気づきました。クリエイティブな人材——アイデアを生み出す（それを形にする）ことを仕事にしている人たち——は、世界でもっとも整理下手な人たちとも言えるかもしれません。ですが、この人たちこそ、娯楽や文学や新事業を生み出して、私たちの生活を豊かにしてくれているのです。彼らが障害を乗り越えてアイデアを形にできるよう助けることは、私にとってただのビジネスチャンスではなく、人としての責任だと思いました。そして、私はこのクリエイティブの世界を秩序あるものにすることを一生の仕事にしようと決めたのです。

ゴールドマン・サックス時代に社内外で経験を積んだ後、私はＭＢＡを取るためにハーバードで学ぶことにしました。その在学中に、クリエイティブ関連の業界を組織化し活力を与えることに特化した「ベハンス」という会社を設立しました。ハーバードでは、クリエイティブ業界の生産性についてさらに深く学び、この分野で有名なテレサ・アマビル教授との共同研究も行いました。またこの頃に、私と同じようにクリエイティブな世界を秩序あるものにしようという熱意と関心と意欲を持った数人のニューヨーカーたちを集めてチームをつくりました。

2007年に立ち上げたベハンス・ネットワークは、世界中の数千人もの第一線のクリエイターたちをオンラインでつないだプラットフォームです。メンバーたちは昼夜をとわず最新のプロジェクトをここに掲載します。有名ブランド向けのデザイン、ビルの建築設計、最新ファッション、連作写真などを公開し、他のメンバーに意見をもらったり、クライアントに売り込んだりするのです。このサイトには毎月数百万人が訪れます。**ここに掲載されているプロジェクトのひとつひとつが、アイデアが目に見える形になったことの証です。**

このネットワークは、クリエイティブな仕事をする人たちに計画性や意見交換、スムーズなコミュニケーションと宣伝効果をもたらして彼らのキャリアを支えると同時に、人材の効率的な採用を助けます。私たちはベハンス・ネットワークのさまざまな部分に手を加えて改良していますが、その目指す使命はクリエイターやそのグループが計画的に仕事をし、周囲と協力し、リーダーシップを発揮できるよう助けることにほかなりません。このネットワークのデータや聞きとり調査から、私たちはアイデア豊富な人々がどのようにプロジェクトをまとめあげ、責任を持ってそれを遂行し続けるかを学んできました。

これまでベハンスでは、クリエイティブな仕事にかかわるリーダーのための手法やツールを研究し開発してきました。私たちは、アクション・メソッドの考え方や手法を紙とウェブの両方のアプリケーションとして製品化しました。２００９年には、アイデア実行のためのコツや技をシェアするために、「99％会議」(the99percent.com) というウェブ上のシンクタンクを立ち上げました。

特定の人たちや組織だけが、なぜ、どのようにアイデアを形にし続けることができるのか？その一方で、ほとんどの人たちはいきあたりばったりで、形にできないのはどうしてなのか？私たちの取り組みは、それを理解したいという情熱からきています。

私たちはこれまで、人生を豊かにしてくれる数百人もの人々やグループ——有名デザイナー、急成長中のハイテク・チーム、メディア企業の経営陣、作家、起業家、映画監督、その他大勢——に取材しました。とはいっても「ひらめきはどこから来るのですか？」「どのようにアイデアを思いつくのですか？」といったよくある質問は聞きません。**創造性についてはあまり触れず、どうやって作品を次々と世に出し、アイデアを実行し続けるのかに注目するのです。**

そうした中で、アップル、ＩＤＥＯ、ディズニー、グーグル、ザッポス、ミラマックスといった、業種の壁を越えてみんながあこがれる企業のチームや、ステファン・サグマイスター、セス・ゴーディン、クリス・アンダーソンといった才能あふれるクリエイターたちと出会いました。次々とアイデアを形にし続け、クリエイティブ業界では憧れの存在となっているオピニオン・リーダーたちです。そしてわかったのは、**これらのチームやクリエイターは、説明のつかない「天才的なひらめき」によって成功したのではないということです。**むしろ、コンスタントにアイデアを世に送り出している人々はみな同じような実践法を使っています。

作品を生み出し続けるクリエイターたちは、とりわけ次の3つの点で共通するものが多くありました。

1　物事をきちんと整理し、次々と片づける。
2　仲間を引き込み、コミュニティの力を利用する。
3　プロジェクトを率いる戦略がある。

ほとんどの人たちは「次のビッグアイデア」を探すことばかりに力を注ぎますが、実際には、アイデア実現力（一度身につけたら一生役立つものです）を養う方がためになることが、この調査からわかります。

この本に書かれたことが、実現力を養う道しるべになること――その結果、より多くのすばらしいアイデアが世に出ること――が私の願いです。私たちが生きるこの時代には、これまでにないイノベーションが求められています。便利で安いというだけではグローバル市場で闘っていくことはできません。目の前の問題やチャンスに対応する新しいアイデアが必要なのです

——そして、こうしたアイデアを絵に描いた餅に終わらせず現実の形にしなければなりません。

この本を書くにあたっては、特定のクリエイターやチーム——興味をとことん追求し、これをさまざまな方法で世に送り出す人々——を念頭におきました。といっても、いわゆる「アーティスト」に向けて書いたわけではありません。ロードアイランド・スクール・オブ・デザインのジョン・マエダ学長のこの言葉が、私の言いたいことを一番よく言い表しています。「芸術的だとかクリエイティブだということがかっこいいという考えには賛成できません。今までにお会いした起業家のひとりひとりが、私にとってはアーティストです。彼らはみな、やむにやまれず失敗を受け入れることを学びます。起業家にとっては、会社がキャンバスなのです」

なぜアイデアを実現できないのか

私たちの生活を一変させるかもしれない無数のアイデア——新薬の発見につながるコンセプト、これまでにないビジネスモデル、歴史に残る名曲のイメージ、時代を象徴する絵画のスケッチ——が、天才的なクリエイターの頭の中だけで日々生まれては消えていくのは、とても残念なことです。**産業を進歩させるアイデアは、とてつもなく斬新なひらめきから生まれるものではなく、むしろ熟練した管理努力のたまものです。**そう、アイデアを世に出すという混沌とした作業への取り組み方はあるのです——ただし、読者のみなさんが思うほど格好いいものではありませんが。

▼生まれては死んでいくアイデアたち

創造性は輝かしい成果につながるきっかけですが、同時に最大の障害でもあります。新たなアイデアがたどる道のり――着想から実現まで――を見ると、ほとんどすべての新しいアイデアは生まれて間もなく死んでいくことがわかります。大げさだと思われるなら、みなさん自身が思いついたけれど実行に移さなかったアイデアを考えてみてください。書きたかった小説。立ち上げようと思った事業。開店したかったレストラン。私たちのほとんどには、そうした長い長いリストがあるはずです。新しいアイデアは、生まれた瞬間から苦しい闘いを強いられるのです。

ほとんどのアイデアが死んでいくのはよいことだと言う皮肉屋もいるでしょう。日常生活は、結局「はみださないこと」によって成り立っているように思えるからです。現状維持が社会という歯車の燃料であり、それが私たちみんなの幸福と健康につながるのだ、と。イノベーションを声高に唱える企業もまた、既存顧客を満足させ、収益目標を達成し、事業を存続させなければなりません。新しいアイデアが自然に消滅してしまうようなシステムが大企業にはある程度必要なのです。というのも、斬新なアイデアのために、道を大きく踏み外してしまう危険があるからです。新しいアイデアは（少なくとも最初のうちは）経済的ではありませんし、既存の整ったシステムを大きな危険に晒すことになります。ですから新しいアイデアが、日の目を見るチャンスさえ与えられる間もなく、さまざまな外部の壁に突き当たるのはあたりまえとも言えるでしょう。残念ながら、良いアイデアか悪いアイデアかにかかわらず、すべてのアイデアに等しくこうした障害があるのです。

ですが、外部の障害よりもやっかいなのが、自分自身の中にある障壁です。**新しいアイデアを殺してしまう一番の原因は、私たち自身の限界です。**限られた時間の中で、家族、友人、仕事、睡眠などに気をとられていれば、ほとんどのアイデアはたちどころに消えてなくなります。新しいアイデアへの興奮がしばらくは冷めなかったとしても、それを自分の中だけにとどめていると、やがて忘れてしまいます。アイデアの大半は、だれにも知られずに生まれては消えていくのです。

仮にアイデアを追いかける集中力があったとしても、そこから先の道のりは闘いの連続です。1人でもチームでも、常にアウトプットを出し、責任を背負い、プロジェクトを管理し続けるという難しい仕事から逃れることはできません。こうした道のりは体力的にも精神的にも疲れるものですし、その過程には、道半ばであきらめたりお手上げになったりした、形にならないアイデアがゴミのように累々と散らばっています。どんなに重要で質が高くても、ほとんどの新しいアイデアは日の目を見ることは決してないというのが、悲しい現実なのです。

幸いなことに、これには例外があります。どんな業界にも、またどんな職種でも、アイデアを生み出し実行することに成功し続けている人たちがいます。そしてこの本は、彼らがそれをどうやって成し遂げているかを取り上げた本です。

▼クリエイターの悩み——創造性との闘い

アイデアを実現できるかどうかには、これに特有の難しい問題がつきまといます。アイデアを形にする力は、アイデアの源そのもの、つまり創造性と相入れないのです。

創造性に偏った生活がどんなものかを垣間見るには、チャドとリサの例が最適でしょう。2人にはクリエイターにありがちな多くの悩みがありました。大手映画会社の有名プロデューサーは、チャドがもっとも才能のある脚本家の1人だと認めながらも、彼にはお手上げだと言っていました。チャドは、昼夜を問わず脚本を書き続けていました。ほどほどにうまくいった作品も何本かありましたが、ヒット作よりも失敗作の方が断然多く、所属エージェントを転々としていました。チャドがメールをチェックするのは「だいたい週に一度かそこら」だけ。映画会社のプロデューサーや親しい友人もそう言っていました。なかなか連絡がとれず、あまりにもだらしないと思われていたのです。さまざまなプロジェクトに合いそうなアイデアもいくつかあったのに、それらをきちんと管理することができていませんでした。

「意外性のあるストーリー展開を思いついては忘れてしまうんだ」。チャドはそう嘆きました。チャドの苦手な整理整頓について私が話しはじめると、彼はだんだんむっとしてきました。自分は物書きで、この仕事を愛しているし、これが一番得意なことだからと言うのです。「物を書くっていうのは乱雑な作業だし、それが僕の本質だから」とチャドは自慢げに言いました。ですがその後で、もし「物事をきちんと整理できたら」どれほど自分のためになるかと考えてしまう、と認めたのです。

新しい整理法を取り入れたことで、チャドの生活は大きく変わりました。すぐに忘れてしまいそうなアイデアをすべて取り込みながら、進めなければいけない仕事にエネルギーを向けるようなシステムが彼には必要でした。自称「ローテク」人間のチャドは、もっとも重要なプロジェクトについてのアクション・ステップが一目でわかるような、紙ベースのシステムを作りました。ポストイットの走り書きに頼ったり、メールの処理に追われる生活をやめたのです。彼はいくつかの決まりを定め、創造性を犠牲にせずに、もっとも重要なプロジェクトに集中できるようなやり方を取り入れたのでした。読者のみなさんも、このアクション・メソッドをきちんと理解することで、人生や仕事におけるプロジェクト整理法を見直すきっかけになるでしょう。

ここでリサの生活をちょっと覗いてみましょう。行動科学を研究中で、哲学に熱中し、いつも思索にふけっているリサは、親のいない子供たちの社会性に関する新たな理論を何年も研究していました。彼女はアイデアを数百ページにもわたって書き連ねていましたが、私と出会ったときには、まだプロジェクトとしてまとまっていませんでした。数人の友人に考えを打ち明けることはあっても、書いたものを見直すことはほとんどなく、いつも新しい取り組みを優先させていたのです。周囲の意見にはあまり耳を貸さず、自分の研究の重要性やそれが広い分野に応用できることばかりを延々と話し続けていました。リサがとてつもなく熱心で才能のある女性であることは明らかでした。

リサはこれまでにいくつもの職を転々としてきました。この数年間に数多くのプロジェクトが途中で立ち消えになっていることについて言い訳するうちに、彼女の声は次第に小さく震えてきました。「まだなんにも形になってないの」と彼女は認めました。たくさんの言い訳を並べてはいたものの、なぜ自分が前に進めないのかをリサ自身もはっきりと説明できなかったのです。

リサは優秀でしたが、アイデアを自分の頭の中だけにとどめていました。異論を唱えてくれる周囲の人間や、自分が責任を持つべき仲間がいないから、苦労していたのです。リサはブログを開設し、親友を引き入れてアドバイスを受け、地元の哲学サークルに参加して毎週意見交換を行いました。それがターニングポイントになったのです。ばらばらなアイデアが一連のプロジェクトにまとまり、ついに長年の研究成果が出版され、それが大きな反響を呼びました。仲間の力が、彼女の人生を大きく変えたのです。

チャドとリサの例はクリエイターにとって珍しい話ではありません。**アイデアを形にすることは、私たちの本質への闘いとも言えるでしょう。**天才的なひらめきがあることを言い訳にしてはならないのです。

この本の中で、私は、アイデアを次々と実現しているさまざまな業種のクリエイターやチームに注目しました。その中の1人がジョナサン・ハリスです。ジョナサンはアーティストであり、また知識人でもテクノロジー専門家でもありますが、ストーリーテラー兼インターネット人類学者とご紹介するのがぴったりでしょう。彼はプリンストン大学の出身ですが、その仕事は伝統とは程遠いものです。ジョナサンは、さまざまな物事への素朴な疑問から出るアイデアを追いかけ、振り返ってはじめてわかるような物語を探求することに情熱を注ぎます。

　興味の対象がこれほど幅広いと、たいがいのクリエイティブなプロジェクトと同じようにアイデアが結局形にならないまま消えてしまうのではないかと思われるかもしれません。ですが、ジョナサンは並はずれて多作なアーティストです。28歳にもならないうちに、彼はテクノロジーと人間とのかかわり方を根本から変えるようなウェブ作品をいくつも立ち上げ、数々の賞を受賞しました。世界中に散らばる数千人の人々が同時に同じ感情を表現する地球規模の実験「ウィ・フィール・ファイン（みんな大丈夫）」、科学と文化の融合を追求する「フィロタクシス」、アラスカでの捕鯨をヘッドカメラで数分毎に写真に収めたドキュメンタリーフィルム「ホエール・ハント（鯨狩り）」――これらのプロジェクトは、彼のアイデアが形になった実例です。

　ジョナサンの作品はCNNやBBC、また『ワイアード』誌に取り上げられ、パリのポンピドー・センターやニューヨークの現代美術館に展示されています。次々と頭に浮かぶアイデアは、彼の行動を妨げていないのです。彼のアイデアは、一見、あまりにも壮大で前衛的すぎ、形になりにくいように思えます。ですが、その予想はいい意味でことごとく裏切られています。ジョナサンはアイデアのひとつひとつが花開くようにきちんと育てているのです。

「2つの段階があると思うんだ」とジョナサンは説明してくれました。「最初はひらめきを感じて受けとめる段階。なに気なく蓄積されていたものが、ある日シャワーを浴びている最中に突然ひらめく瞬間があるんだ。次は『よし、これを実際にやろう』と決める段階。一度決めたら、そこからは気持ちをがらりと入れ替える。少なくとも決めたアイデアに関しては、合理的でロジカルに考えなくちゃいけないし、自制心が必要になる。受け身にならずに、足したり引いたりしながら、最終的に作品として形にするんだ。クリエイティブな人たちが苦労するのはそこだと思う。だってひらめいているだけの方が楽しいから。だけど、実際になにかをやろうと思ったら、2つ目の段階を乗り越えるしかない」

クリエイティブ分野で成功している人やグループは、必ずこの2つの段階——発想と実行——を上手に切り替えているとジョナサンは言います。彼のプロジェクトへの取り組み方を聞けば、自己管理とシンプルさを大切にしていることがすぐにわかります。そして、できるだけ多くの人々に届くようなプロジェクトを選んでいることもわかるでしょう。彼は作品づくりを楽しんでいますが、その本当の目的は他者に共感してもらうことなのです。

自分のためだけに創作するというクリエイターは少なくありません。彼らにとって、アイデアを発想して形にすることは自己満足の手段で、それ以上でもありません。これはわがままな考えだと思います。たった1人のためだけにアイデアを形にしても、それが周囲を刺激したり社会に役立ったりしなければ、もったいないと思うのです。

「自分の作品をウィルスだと思えば、たくさんの人に届くと思うよ」とジョナサンは言います。「どのくらい多くの人に見てもらいたいかによって、作品を構成し直すのはいいことだし、それにはいろいろなやり方がある。ものすごく大衆的な作品をつくってＨＢＯ（ケーブルテレビのチャンネル）のシリーズ番組にしてもいいし、美術館がほしがるような通好みのものをつくることもできる。

クリエイターにありがちな心の壁を乗り越えることに成功しているプロフェッショナルはジョナサンだけではありません。次々とアイデアを形にしている人々はみな、ジョナサンと同じ特性を備えています。

私が会った並はずれて優秀なクリエイターやチームは、自制心と落ちつきを持って人一倍多くのアイデアを生み出していました。彼らの創造的なエネルギーは、しっかりとした「整理力」の上に成り立っていたのです。彼らは自己宣伝に走りがちな傾向を克服し、プロとして責任を全うするために仲間の力を活用しています。また長期的に成功し続けるチームを築き、リーダーとして他者をうまく導いています。アイデアの質は、それを実現するプラットフォームに比べればそれほど重要ではありません。そのプラットフォームをしっかりと管理するのはみなさん自身であることを肝に銘じておきましょう。

「1%のひらめき」を形にする3つの力

この本は3つの章に分かれています。各章ごとに、アイデアの実現に欠かせないツールを紹介します。第1章は整理力。第2章は仲間力。そして第3章は統率力。もちろん、アイデアそののも必要です――が、この本では**創造的なひらめきやアイデアについては読者のみなさんにお任せすることにします。**

アイデア実現力＝（アイデア）＋整理力＋仲間力＋統率力

この公式にあるように、アイデアを実現する能力は、核になる3つの要素の総合力です。自分の能力を最大限に発揮するには、この3つの力をうまくバランスさせることを身につけなければなりません――単独でも、チームでも、それが必要になります。

ここで、この3つの要素がアイデア実現にどう関わるかについて触れてみましょう。

▼整理力を養う

創造性を形あるものにできるかどうかは、生産性をどう上げるかで決まります。どのようにプロジェクトをまとめ、優先順位をつけ、エネルギーを配分するかが、実現しようとするアイデアの質よりもある意味で重要なのです。この考え方は新しいものではありません。物事をきちんと整理することの必要性を論じた書籍は数限りなく存在します。シンプルなやり方を見つけたいとみんなが切実に思っていることは、こうしたハウツー本やブログが多くの読者を引き付けていることからも明らかです。

とはいえ、クリエイターの創造性や、変化の激しい環境に焦点を当てて整理と実行を論じた本はほとんどありません。クリエイターといえば、これまでもっとも流動的な職種でしたが、職業の流動性は今やあらゆる業界に広がっています。

フリーランスや契約社員、またパート社員も増えていますし、自分で起業する人もますます増加しています。社員に期間限定でさまざまな仕事をローテーションさせる企業も少なくありません。グーグルが「20%ルール」を取り入れて効果を証明したおかげで、「デイライティング制度」――就業時間の1割から2割を私的な創作活動に使うこと――を採用する企業も増えています。GEやIBMなどの、従来の「古臭い」とされる企業でさえ、長期雇用よりも短期的な経験学習の価値を認めるようになりつつあります。

つまり、みなさんがどんな業界にいるにしろ、その仕事はより流動的でデジタルで柔軟なものになっていくということです。ですが、昔の人はよく言ったもので――個人事業主ならいやでも思い知らされることですが――「完全な自由は完全な責任を意味する」のです。働く場所や働き方が自由になれば、物事を管理する責任は個人に移っていきます。そうなると、生産性とは職場でどれだけ効率よく働くかではなくなります。みなさんにとって一番大切なことにどれだけ大きな影響を与えられるかが、すなわち生産性になるのです。

「日々仕事をこなし、プロジェクトを管理し、頭をはっきりとさせておくだけでも大変なのに、物事をきちんと整理しながら創造性を発揮し続けるなんて自分には無理だ」とみなさんは思っていませんか？　ですが、驚くほど実践的な手法や技は存在します。そして、それらの組み合わせがアイデア実現の管理ツールになるのです。とりわけ生産性の高い人々の例や共通点を見れば、**創造的なエネルギーに整理力が結びついたとき、偉大なアイデアが実行され、革命的な成果が生まれることがわかるでしょう。**

▼仲間力を活かす

職種や業界は違っても、生産性が非常に高く、多くを成し遂げている人やチームは、周囲の力を上手に使ってアイデアを前進させています。仲間の力を活用することで、価値あるフィードバックを得て、アイデアが磨かれ、お互いを助ける関係が育ち、発想を資源や援助に結びつける「組織細胞」ができあがるのです。

ミハイ・チクセントミハイ（創造性に関する名著『フロー体験　喜びの現象学』〈今村浩明訳、世界思想社、1996年〉の著者）のもとで学んだキース・ソーヤーは、著作『凡才の集団は孤高の天才に勝る』（金子宣子訳、ダイヤモンド社、2009年）の中でこう言っています。「あらゆる偉大な発明は、小さなひらめきの連続から生まれる。最初のアイデアはたいしたものでなくとも、仲間の協力によって次のアイデアにつながったり、思いもかけないような形になったりする。コラボレーションによって小さなひらめきが1つになり、ブレークスルーが生まれる」

過去には孤高の天才がいたとしても（ソーヤーはいないと言っていますが）、21世紀にそれが時代遅れであることは間違いないでしょう。インターネットを通して、いつでもどこでも、だれとでもつながっていることで、膨大な数の「小さなひらめき」が次々に生まれ、ますますアイデアが磨かれるのです。私が取材したクリエイターや企業は、ほぼ例外なくウェブの力を利用して多くの目標を達成していました。たとえば、フィードバックを募ること、アイデアに磨きをかけること、透明性を高めること、完成した作品を共有し宣伝すること、などです。

こうした事例は多くありますが、第2章ではザッポスのCEO、トニー・シェイがツイッターを活用して透明性を高め、ひらめきを得ている例や、ベストセラー作家で『ワイアード』誌編集長のクリス・アンダーソンが熱心な読者のコミュニティを利用して斬新な理論に磨きをかける例、またマーケティング戦略家のノア・ブライアがフィードバックを募ってウェブ実験をさらに改良する例などを取り上げています。

インターネットは仲間の助けを得たり、コミュニティを築いたりする手段の1つにすぎません。私が紹介する取り組みや考え方は、1つの媒体に限定されるものではないのです——それらはみなさんの個性や相性によって、さまざまなやり方に応用できるものです。

どんな性格の人であれ、仲間やグループの力を借りることは絶対に必要です。コミュニティはだれもがつまずく問題へのヒントを与えてくれ、幅広い知見にもとづいて、大きなインパクトをもたらすひらめきを与えてくれます。仲間を引き入れることの最大の利点は、他者への責任を負うことであり、これが常にアイデアを実行に移し続けるための拘束力にもなります。**他**

者に対して責任を負うようになれば、クリエイティブな衝動が目に見えるプロジェクトになるのです。アイデアは根となります。コミュニティは創作意欲を育み、根に栄養を送るのです。

▼リーダーの役割

他者と自分を統率する能力と情熱を併せ持つ稀有な人物や組織によって、歴史は創られます。統率力とは、常にアイデアを追求しながら規模を拡大し、最終的に成功に導く能力です。残念ながら、クリエイティブの世界にはリーダーシップというものがすっぽりと欠落していて、それはこの業界の離職率の高さや頻繁な経営破綻からも明らかです。クリエイターがチームを去る理由は、ほとんどの場合、人間関係の軋轢か、そのプロジェクトに情熱を持てないからで、お金が理由で辞めることはほとんどありません。クリエイティブなプロジェクトを育て維持するには、みんながあなたのアイデアに情熱を持ち続けることが必要なのです。

統率力は他者を導く能力だけでなく、あなた自身を導く能力にも関係します。**アイデアの実現を妨げるもっとも高いハードルは、おそらくあなた自身――創造性豊かな人がみな抱えている心理的な壁――です。**この本で紹介する、生産性の高い、多作で知られるクリエイターには「もともとそうだった」人はほとんどいません。アイデアは次々と浮かんでくるかもしれませんが、アイデアの実現を支える手法は、たいてい直観とは対極にあるものです。アイデアを実現するための規律と自制は、ときにクリエイターとしての本質を曲げることのように感じられるかもしれません。

私はこの考え方を「創造的譲歩」と呼ぶようになりました。みなさんは、制約や慣習をはじめは窮屈に感じるでしょうが、それらを取り入れる覚悟を決めなければなりません。信念や芸術性を曲げる必要はありませんが、自らの破壊的な傾向を戒める必要があるのです。おそらくあなたは新しいアイデアに次々と飛びついて、1つのアイデアを形になるまでやり抜いたことがないのではありませんか？　それとも自分1人でアイデアを育てようとしていませんか？　批判を恐れてフィードバックを避けたり、意見されると無意識にそれを軽視しているかもしれません。クリエイティブな才能のある人はみな、自分を妨げる傾向があるのです。リーダーとして、より生産的な人生を送るための第一歩は、自分は何者か、どういった傾向があるのか、最大の欠点はどこかを正直に見つめることです。

自分のアイデア、仲間のコミュニティ、そして自分自身をどのように管理するかを、これまでと違うように考える必要があります。クリエイティブなプロジェクトにおけるリーダーシップに関しては、私たちの行動を支配する報酬システムを見直し、チームの雰囲気を上手に盛り上げる方法を紹介していきます。

さあ、はじめましょう！

あたりまえのことですが、この本で紹介するベストプラクティスをすべて取り入れても、アイデアが簡単に実現できるとは限りません。この本を執筆するために、何百人もの方に取材をしましたが、私が出会っただれもがフラストレーションを抱いていました。新しい習慣は、生まれつき備わったものではありません。だから違和感があるのです。だからこそ、自らのやり方を変えようと強く思うことが必要なのです。そして自分のアイデアを形にする責任を負わなければなりません。

この本は、実際に効果のあった手法を満載した、きわめて実践的な本です。コツや技のひとつひとつが短く実行しやすいものなので、今すぐにでも活用できますし、今後難しい問題に出会ったときに読み返すこともできます。機械的だと思われる手法もあるかもしれませんが、物事を実行に移すのは、きれいごとではありません。ですがアイデア実現力を身につけようと努力することは、価値ある投資です。本書で紹介するベストプラクティスを、みなさんが身につけ、よく見直し、自分に合うように変えていただきたいと思います。人生を一変させるような大切な気づきがあれば幸いです。

また、みなさんと同じくアイデアを前進させたいと願う数千人のクリエイターやクリエイティブチームがつながったウェブ上で、今後も意見交換を続けていきます。私たちの研究がオンライン上のシンクタンク（99％会議）やベハンス・ネットワークでこれからも進化し、みなさんがそこからなにかを学びとり、またなにかを与えてくれることを願っています。

それでは、はじめましょう！

序章 アイデアを形にできないのはなぜだろう

第1章 整理力

第2章 仲間力

第3章 統率力

第1章

整理力

故に私にとっての自由とは、自分が取り組むことに決めた狭い枠の中での行動である。さらにこれを深めることができる。つまり、自分の行動をより狭く規定し、より多くの障害で自分を取り囲めば、私はもっと自由になれる。制約が減れば強さも減る。課される制約が大きければ大きいほど、精神の束縛から逃れることができる。

イーゴリ・ストラヴィンスキー『音楽とは何か』
（佐藤浩訳、ダヴィッド社、1995年）

イノベーションに取りつかれた今の世の中で、アイデアがすべてだと思いこむのは仕方のないことです。新しもの好きの人たちにとっては、創造性が一番の関心事ですから。現代社会は、人間を2種類に分けて決めつける傾向があるようです。人は「左脳人間」か「右脳人間」かのどちらかで、右脳と左脳は共存できないという、極端な（しかもおそらく間違った）考え方です。そして、すばらしい創造性を持った人は、組織人やリーダーに向いていないというのです。しかし、それは違います。創造性と整理力が同時に備わったとき、斬新なアイデアが実現され、社会が前進するのです。問題の本質は、社会がクリエイティブな人々をどう見るかではなく、クリエイティブな人々が自分をどう見るか、ということです。

2007年にベハンスは1000人の「自称」クリエイターにアンケートを行い、自分にどのくらい整理力があるかを訊ねました。「すごくある」と答えたのは、全体のわずか7%。その倍の14%が「ぐちゃぐちゃ」と答え、もっとも多かった回答は「どちらかというと、ちらかっている」(48%)でした。しかも、その後の追跡調査では、**彼らの多くが自分のだらしなさを憂うどころか、誇らしく思っていることもわかりました。**

現実に、クリエイティブな環境――そしてクリエイティブ心理そのもの――は、整理整頓とは反対のものです。クリエイターは、手続きや制約やプロセスに我慢できなくなってしまうのです。それでも、整理力は生産性を高めます。もしアイデアを実現したいのなら、それを行うプロセスが必要なのです。

創造性豊かな人々がこれに反抗するのもわからないではありません。アイデアを生み出し、それを実行するための最善のプロセスといっても、答えは1つではないからです。「プロセス」というと、悪い印象を持たれがちです。

企業という官僚組織の中で仕事をしたことがあれば、わかるでしょう。プロセスをこれでもかと押しつけられると、気がめいり、やる気もなくなります。クリエイティブな人たちにとって、プロセスとは嗜好や習慣と同じ、とても個人的な問題です。自分がやりやすいように変えてこそ、プロセスが機能するのです。

だれかのために創られた、がんじがらめのプロセスに自分をあてはめるのではなく、あなた自身がすでに使っているプロセスを強化するような、いくつかの核になる要素をここで提案したいと思います。みんながあこがれるクリエイティブリーダーには、プロジェクトの管理と運用への共通のアプローチがあるのです。

この章では、その中でも特に生産性の高いクリエイター——多作で知られる全米トップマーケターのセス・ゴーディンや、伝説のデザイナーであり大学学長でもあるジョン・マエダなど——の例を取り上げます。そして、IDEO、ウォーカー・デジタル、ディズニーといったイノベーションに秀でた企業が行っている、あまり知られていない——しかし、非常に効果の高い——手法についても、紹介します。

整理力の大切さに気づく

「整理すること」とは、創造性を必要とするプロジェクトの中のさまざまな構成要素をきちんと分類する作業にほかなりません。みなさんには、心に留めておきたいコンセプトや、活用したい資源、その他にもプロジェクトそのものの構成要素——たとえば終わらせなくてはならない作業や、確かめなくてはならないことなど——があるでしょう。その上に、締切、予算、クライアント、その他の制約といった外的な要素もあるはずです。これらすべての要素が融合して（時には衝突して）、アイデアが生まれ、育ち、実現されるのです。

クリエイティブなプロジェクトには必ずこうした要素があります。ですが、私たちはいつもそれらをきちんと把握しているわけではありません。これらを避けようとする（または無視しようとする）ことも少なくないのです。もちろん、避けたり、無視したりすれば、アイデアが実現される見込みは減るばかりなのですが。

一番大切なのに、だれも気づいていないのは、**整理することは枠組みづくりだ**ということです。私たちは、きちんとした枠組みが自由なアイデアの流れを止めるものと思いこみ、これを避けがちです。ですが、枠組みがなければ、アイデアを積み上げることはできません。枠組みがあることで、私たちはアイデアを取り込み、自分が（自分以外の人たちも）取り組みやすいようにお膳立てできるようになるのです。逆に枠組みがなければ、プロジェクトに集中し続けることができず、その弱点を見つけることができません。捨てるべきアイデアをだらだらと引き延ばしたり、育てるべきアイデアを忘れてしまうこともあります。枠組みは、アイデアを目に見える結果につなげることに役立ちます。

枠組みと整理については、深い議論をする価値があります。なぜなら、それが競争力につながるからです。ほとばしる創造性の果実を手に入れるには、整理するしかありません。みなさん自身と周りにあるものをきちんと整理する能力を育てれば、アイデアを実現できるのです。

整理力がアイデア実現のカギになる

サプライチェーン・マネジメントは、物流への取り組みですが、はなやかに取り上げられることはほとんどない分野です。ウォルマートとトヨタは、在庫管理と流通の効率の高さでは伝説と言ってもいいでしょう。企業の機能——とりわけサプライチェーン・マネジメントの手法——は、製造費用、品質、そして供給力を左右します。サプライチェーンを専門に研究するコンサルティング会社や、上級役員クラスの社内担当者もいます——それは整理整頓を目に見える形にする仕事です。ですが、私たちの多くはこの仕事を創造性やアイデアと結びつけて考えることはありません。

フォーチュン500に入る数多くの企業にサプライチェーンの調査を提供しているAMRリサーチは、2004年以来、サプライチェーン優良企業25社のランキングを毎年発表しています。アップルは2007年にはじめてランクインし、2008年にはアンハイザー・ブッシュ、ウォルマート、P&G、トヨタなどの常連を抜いて1位になりました。

斬新なアイデアや「他社と違う」考え方で知られるアップルが、なぜもっとも整理された企業なのでしょう? それは——良くも悪くも——整理することがアイデアを実現するための大きな力だからです。整理力はインパクトを生み出すうえで重要です。次の公式を見てください。

▼創造性×整理力＝インパクト

アイデアが持つインパクトが、現実には整理力に左右されるとしたらどうでしょう。ものすごく豊かな創造性があっても、整理力がなければほとんどなにも生み出さないことになります。斬新な発想を持っていても、整理整頓ができないクリエイターがいるとしましょう。その場合には次のような等式があてはまります。

▼100×0＝0

思い当たるふしがありませんか？　アイデアは頭の中にたくさん詰まっていても、まったく整理されていないために、どんなアイデアもきちんと実現されたためしがない人がいませんか？　その半分の創造性でも、もう少し整理力があればかなり多くのインパクトを生み出せるはずです。

▼50×2＝100

こう考えれば、才能豊かで斬新なアーティストほどの創造性がなくても、多くの作品を生み出せる理由がわかります。これは、悲しい現実です。創造性は平凡でも、非凡な整理力があれば、整理できない天才クリエイターよりも大きなインパクトを生み出せるのです。とりあえず芸術性を少しだけ脇において、いくつかの例を見てみましょう。

アメリカ国内のリゾート地を訪れたことがあれば、トーマス・キンケイドの画廊を見かけたことがあるはずです。それから、読書好きの方やよく空の旅をする方、または読書会に参加している小説ファンならば、ジェームズ・パターソンの小説を読んだことがあるでしょう。キンケイドとパターソンには創作と流通を支える多くのアシスタントがいることはよく知られています。つまり2人は企業経営者とも言えます。またキンケイドとパターソンは幅広いファン層を持っていますが、創造性に乏しく作品を量産しすぎるとして、業界人からは常に批判されています。

パターソンは『ニューヨーク・タイムズ』紙のベストセラーリストに39冊の著作が入るという記録を持っています。彼のウェブサイトによると、2007年に売れた単行本小説の15冊に1冊はパターソンの作品だったそうです。彼の作品は世界中で合計1億5000万冊以上を売り上げています。さらに、「ジェームズ・パターソン読者賞」というマーケティング活動など、さまざまな読者向けキャンペーンを積極的に行っていますし、彼の小説の多くがテレビドラマ化や映画化されています。また、彼はジェームズ・パターソン・エンタテイメントという会社を設立し、5本を超える作品に一度に取り組むことでも有名です。

業界誌の『パブリッシャーズ・ランチ』によると、もしパターソン自身を出版社と考えれば、

「2006年にベストセラーの1位を獲得した数で――大手出版社のハーパー・コリンズを抜いて――4位に入る」そうです。評論家たちがパターソンの作品づくりを工場にたとえるのも無理もありません。『ワシントン・ポスト』紙の著名書評家であるパトリック・アンダーソンは、かつてパターソンの作品を「読者をばかにした、低俗で大量生産の最大公約数的なお決まりの小説」と評しました。また、彼の小説はどれも同じような話だとこきおろす評論家もいます。

パターソン自身は、自分が成功したのは「金脈を掘り当てる勘――大衆がなにを気に入るかを感じ取る能力」のおかげだと言います。パターソンの驚くべき多作ぶりは、それ以前の人生に起因するものかもしれません。パターソンは、小説家になる前、世界最大手の広告代理店であるジェイ・ウォルター・トンプソンのCEOでした。CEOへの階段を上る過程で、リーダーとして、またオーガナイザーとしての能力を磨き、それが作家としての業績を際立たせたのです。評論家がなんと言おうと、パターソンは驚くべき速さでアイデアを形にしています。好きか嫌いかは別にして、彼が多作で一貫性があることは間違いありません。創造性×整理力の公式に当てはめると、彼は50×100か、1000×100にあたり、そのインパクトは並はずれています。

トーマス・キンケイドも、多作さではひけをとりません。キンケイドのアトリエから生まれる作品の数だけでも、驚愕に値します。キンケイドの場合も、作品の多くはほとんど同じようなものか、目的を変えて使い回しているだけだという人もいるでしょう。『ザ・レベル・セル』

（*The Rebel Sell*）の中で、キンケイドの作品は「言葉では言い表せないほど、あまりにもひどすぎる」と書かれています。彼の作品が月並で大量生産であることを馬鹿にしたお笑いサイトもあるほどです。キンケイドの作品はたしかに創造性に欠けるかもしれませんが、効率よく生産され、販売され、流通されています。

先ほどの「創造性×整理力＝インパクト」という等式に当てはめると、パターソンとキンケイドの2人は整理力の点数が並はずれて高く、そのため業界にとてつもないインパクトをもたらしてきました。つまり、この等式の中の「整理力」には「創造性」と同じだけ気持ちを集中しなければならないことがわかります。なぜなら、自分のアイデアによってインパクトを生み出すことが、最終的な目的だからです。

アップル、キンケイド、そしてパターソンは、整理力の大切さを示す、少数の例にすぎません。アイデアを生み出す喜びを感じながら、同時にそれらを整理する能力を育てる――そしてそれを継続するためのリソースを開発する――ために時間を割くべきです。

クリエイターにとって、物事を整理するためにエネルギーを使うのが、新しいものを創り出すのに比べて楽しいことではないのはよくわかります。いやいやながら無理やりやらされるのではなく、**整理の大切さを理解し、斬新な手法を開発することが私たちには必要です。**

アクション・メソッド
――仕事も人生も行動志向に変える

私たちは、ブレインストーミングの中で問題解決のアイデアを出したり、なにかまったく新しいことを思いついたりします。アイデアが出されると、それをひねったり拡げたりします。質問やコメントが加わることで、代替アイデアや関連するアイデアが生まれます。こうした創造的な意見交換によって気分も高まり、予期せぬ結果につながることもあります。

ですが、ブレインストーミングがほとんど実りある結果につながらないというのも、厳しい現実です。参加者それぞれの考えがごちゃごちゃに投げかけられるために、大きな可能性のあるアイデアが忘れられてしまうのです。卓越したアイデアは、別のアイデア――よりよいものとは限りません――にとって代わられます。時間に追われて、結局は最後に出されたアイデアかコンセンサス――はじめに提起されたアイデアが、繰り返し議論されて内容の薄まったもの――が結論になるのです。自分の机に戻っても、あれこれとまとまりのないメモ書きしかなく、その後だれがなにをすべきか、いつなにが起きるのか、実行に移る前にさらに調べることや話し合うべきことはなにかは、見当がつきません。

アイデアがありすぎるのは危険です。アイデアからアイデアへ次々と目移りしていると、浅く広くエネルギーを分散してしまい、深掘りすることができません。そのために先に進めなくなってしまうのです。なにも制限がなく、なにを言っても許されるブレインストーミングの最中は、あれこれととめどなく意見を言うことで、みんなの気分も高揚します。ですが、なんらかの枠組みがなければ、頭の中の発想に浸るだけの自己満足になりかねません。

人は発想に偏りがちだと自覚することは、形ある結果を確実に残すことにエネルギーを向けるための第一歩です。すばらしいアイデアを発想し、新たな可能性を思い描くのは楽しいでしょうが、そうした発想のすべてに、ほんの少しの懐疑心と実行への姿勢をもって臨むことが必要です。ブレインストーミングは、疑問からはじまり、具体的かつ適切で、しかも行動に移せるなにかを得ることを目標にすべきです。ブレインストーミングが終わった後に、以前より確信を深めていなければなりません。

米国企業のトップ経営者のコーチとして知られるランダール・スタットマンは、偉大な経営者たちは「未来に対して楽観的だが、職務に対しては悲観的だ」とよく言います。クリエイティブの世界で、リーダーは斬新なアイデアの可能性に胸を躍らせながら、同時にこれをプロジェクトとしてどのように管理するかを隅々まで気にかけることが必要です。

あらゆるアイデアは、プロジェクトに結びつけられます。個人的なものであれ（誕生日パーティーの企画）、仕事上のものであれ（新製品の立ち上げ）、すべてのプロジェクトは、あなたのアイデアを実現するためのものです。

さあ、覚悟してください。これからは手足を動かす仕事にとりかかるのです。「プロジェクトマネジメント」というと、たいていのクリエイターはいやがります。複雑な進行表や、綿密な手続きは、目の上のたんこぶのようなものです。あなたの取り組み方や考え方次第で、プロジェクトの整理と運用は悲惨な経験にもなりますし、逆にとても充実したものにもなり得ます。いずれにしろ、**仕事の流れがうまく管理されてはじめて、アイデアは形になるのです。**ここで、プロジェクトをどう管理・運用すべきかを述べることにしましょう。

私たちは、数百人のクリエイターや集団がプロジェクトを管理・運用する様子を観察しました。そして、数年をかけてベストプラクティスを蓄積し、分野にかかわらずどんな人でも使える、プロジェクト――個人的なたわいない用事から、数百人の参加者といくつもの課題を抱える巨大な民間プロジェクト――の運用方法を開発してきました。この「**アクション・メソッド**」は、わがままなクリエイターたちにもわかりやすく、取り入れやすいものです。

プロジェクト管理法を見直す

アクション・メソッドは、従来のプロジェクト管理の手法の多くに疑問を投げかけるものです。上から押し付けられた大きくて難しい目標を下へと流すようなやり方は、理想とはほど遠いものです。これまでのように計画策定と上意下達に重点を置いていると、目標を持て余し、生産性が低下します。

複雑で大げさなプロジェクトマネジメントのシステムを持つ官僚的な大企業でさえ、生産的な人々は自分のやり方で並行的にプロセスを管理し、臨機応変にプロジェクトを遂行していることがわかります。こうした自分だけのシステムには共通の原則がありました。

▼根気よく行動に重点を置く姿勢がアイデアを前進させる

ほとんどのアイデアは生まれては消えていき、それらを追求するかどうかは偶然に任されています。ぐちゃぐちゃのメモ書きやなぐり書きの中に次に打つべき手は埋もれてしまい、無地ノートなどのクリエイターがよく使う道具は、問題を悪化させるだけです。すべてのアイデアに対して、アクション・ステップ（本当にやるべきこと）を把握し、そこに焦点をあてなければなりません。

▼行動を身近で個人的なものにする

だれか1人を次の段階の責任者に任命しても、うまくいきません。だれかにメモを取らせて、それをチームメンバーに送りつけるだけでは、プロジェクトの責任があやふやになり、親しみもわきません。各個人が、それぞれのアクション・ステップを「自分のもの」と感じることが必要です。自分自身が自らの言葉で手書きした仕事には、親しみを持ち続けることができますし、より実行されやすいのです。

▼綿密にノートをとることには意味がない

私たちの見たところ、メモが利用されることはほとんどないばかりか、実際にはアクション・ステップを把握し、それに従うことへの障害になることもあります。ノートをとることばかりに集中すると、生産的な環境づくりに欠かせない、行動に重きを置いた姿勢がおろそかになるのです。大枠を把握して、そのプロジェクトに必要な行動に取り組めば、それだけでかなりの前進と言えるでしょう。

▼整理を持続させるために「見た目中心」のシステムを使う

アクション・ステップを取り込むために使う道具の色彩や感触、大きさや形は重要です。生産性を高める自分なりのシステムを数年がかりでうまく開発している人々は、そのデザインでアクション・ステップがより魅力的になる（そのために、実行しやすくなる）、と言います。

▼場所ではなく、プロジェクトごとに整理する

近頃では、仕事がオフィスにあるとは限りません。生産性とは、書類受けに入ってくるものを処理することではありませんし、仕事と家庭で別々に「やるべきことリスト」を管理する

ことでもないのです。一流のイノベーターたちに共通のベストプラクティスは、場所別にワークフローや作業計画に取り組むのではなく、プロジェクトごとに生産性を上げる取り組みだということを、私たちは発見しました。

アクション・メソッドはこれらの原則をすべて取り入れて開発されたものです。

プロジェクトを3つの要素に落とし込む

マジックをかじったことがある人ならば、最高のトリックはもっとも単純なものであることをご存知でしょう。空中浮遊は滑車を使いますし、動く紙幣には糸が必要です。消えるコインは隠しポケットを使います。こうした有名なトリックには、すべて明らかな説明があるのです。最良のプロジェクト管理法も、これと同様にシンプルで直観的なものです。つまり、アイデアを捉えて行動すること——それ以上でも以下でもありません。この単純な効率性が、最小限の努力で取り組みを持続させ、課題に向かわせるのです。

アクション・メソッドには単純な前提があります。それは、**「すべてがプロジェクトだ」**ということです。週に一度の大きなプレゼンだけではなく、キャリアアップへの取り組み（「キャリア開発プロジェクト」）や社員の育成（あなたが成績を管理し、その成長を助けるための取り組みを行っている部下のひとりひとりも「プロジェクト」）もそうなのです。自分の財布を管理するのも、税金の申告や引っ越しもプロジェクトです。

創造性豊かな人々もそうですが、みなさんも大量の仕事を目の前にして、それらを前進させようと格闘していることでしょう。ですが、すべてをいったんプロジェクトとして分類することで、ひとつひとつを主な要素に分解できるようになります。それが、**アクション・ステップ（やるべきこと）**、**レファレンス（参考資料）**、**バックバーナー（後回しにすること）**です。人生のあらゆるプロジェクトは、この3つの要素に落とし込めます。

アクション・ステップとは、あなたを前進させる具体的な個別の作業です。たとえば、報告書を書き直して送る、ブログを書く、電気代を支払う、といったことです。

レファレンスとは、プロジェクト関係の資料、スケッチ、メモ、議事録、マニュアル、ウェブサイト、後で参考になるかもしれない現在進行中の議論などです。レファレンスは行動に移せ**ない**ことに注意しましょう——取り組みの参考にするためのものです。

最後に**バックバーナー**——今は行動に移せないけれど、もしかしたら将来その可能性があるもの——があります。たとえば、まだ予算のつかないクライアント向けのアイデアがそうです。いつになるかわからないけれど、そのうち試してみたいこともそうでしょう。

顧客向けのプロジェクトを例にとってみましょう。その顧客の名前がついた書類フォルダを想像してください。そのフォルダの中にはたくさんの参考資料——契約書のコピー、会議メモ、その顧客に関する予備知識——が入っています。アクション・ステップ——あなたがしなければならないこと――がリスト化されて、フォルダの表紙に貼られています。裏表紙の内側にバックバーナーのリストを書き留める用紙がホッチキスで留められ、プロジェクト中に思いついた、今は行動に移さないアイデア――だけど、そのうち実行したいこと――を記録しています。

こんなフォルダならば、あなたは表紙に貼りつけられたアクション・ステップに相当の注意を払うはずです。これらのアクション・ステップは常に見やすいところにあります。プロジェクトのフォルダを眺めると、その度に目に入ってしまうのです。プロジェクトのフォルダを毎日見直していれば、まだ実行していないアクション・ステップを見続けることになります。

私たちがこれを**「アクション・メソッド」**と呼ぶことにしたのは、このやり方が、行動、つまりアクションに重点を置いた仕事や人生を送る助けになるからです。このやり方ですと、各プロジェクトについてやるべき作業が一目でわかり、その他の要素は整理されているため、気持ちが落ち着くだけでなく、実行を妨げることがありません。

私的なプロジェクトも同じく3つの要素に分解できます。みなさんの机の周りにも、自分のために残したノートやメモがあるはずです。支払いが済んでいない請求書（「家事」プロジェクトのアクション・ステップ）や、自動車保険のコピー（「保険」プロジェクトのレファレンス）があるでしょう。いつか行きたいと思っている素敵なリゾートの切り抜き（「バケーション計画」プロジェクトのバックバーナー）も。

みなさんの人生のプロジェクト――仕事関係から個人的なものまで――をいくつか考えてみま

しょう。これらのプロジェクトを構成する要素はみなさんの頭の中か、みなさんの周囲にあります――メールの文章、ノートに書いたあらすじ、ポストイットのメモなど。アクション・メソッドは、**身の周りのことすべてをプロジェクトと考え、それを分解することからはじまります。**

たとえば、いつか書きたいと思っている映画の脚本のアイデアがあるとしましょう。ならば、「新しい脚本アイデア」プロジェクトの「バックバーナー」に分類するか、より大まかな「大胆なアイデア」プロジェクトに入れて、年に何回かだけ見直してもいいでしょう。現実的にはほとんど注意がむかないプロジェクトもあるでしょうが、「バックバーナー」や「レファレンス」を溜めておくことはできます。

もちろん、こうした「バックバーナー」のいくつかは、そのうち「アクション・ステップ」に移動する――そして、それがたとえば映画の脚本を書くといった、新たな、より活発なプロジェクトにつながる――ことを期待して、残しておくのです。アクション・ステップは、行動の積み重ねです。とはいっても、人生の中である種の行動ができない時期もあるでしょう。ですから、「バックバーナー」や「レファレンス」ばかりの休眠中のプロジェクトがあってもいいのです。こうしたプロジェクトのいくつかが、アクション・ステップを伴って日の目を見るときがくるはずです。

生活の中で、今していることがどのプロジェクトに関係するか、という視点を持つことが必要です。会議中も、ブレインストーミングの間も、ちょっとした会話も、雑誌の記事も、夢も、シャワー中のひらめきも、その全部が、アクション・ステップか、レファレンスか、バックバーナーに分類されます。すべてがプロジェクトに関係するのです。こうした思いつきを書き留めて分類しなければ、残念ながらたいていは消えてなくなります。

プロジェクトを構成する3つの主な要素については、後ほどより詳しく説明します。いずれにしろ、**一番大切なのは、人生のあらゆることはプロジェクトであり、すべてのプロジェクトはアクション・ステップ、レファレンス、バックバーナーに落とし込めるということです。**とても単純なことなのです。

もちろん、今日のデジタル時代に、情報はさまざまな形でやりとりされます。プロジェクトといっても、書類フォルダの中にあるわけではありません。実際、さまざまな媒体を使ってプロジェクトは管理されます。また私たちが日々受け取る情報も、メールやファイルのダウンロード、リンクなど、その形式はさまざまです。ですが、どんな場合でも、アクション・メソッドの原則は同じです。あらゆることがプロジェクトに分類されるのです。アクション・メソッドを習得すれば、オンラインとオフラインのツールをよりよく活用して情報を整理できるようになるでしょう。

アクション・ステップはプロジェクトの命

プロジェクトの中で一番大切な構成要素はアクション・ステップです。アクション・ステップは、プロジェクトの命をつなぐ酸素です。アクション・ステップがなければ、行動は生まれず、結果も出ません。どんなアイデアも実際に形になるかどうかは、みなさんが書き留めて実行した、あるいはだれかに依頼したアクション・ステップにかかっています。アクション・ステップは、すべてのプロジェクトにおいて「神聖なもの」として敬われ、取り組まれるべきものです。

私が調査中に出会ったアクション・マニアの経営者の1人が、ボブ・グリーンバーグです。ナイキやジョンソン・エンド・ジョンソンをクライアントに持つ、世界的に有名なインターネット広告代理店、R／GAの会長で、仕事仲間や同業者から賞賛される人物です。彼の性格を一言で表すとすれば、「生産的」「精力的」といった言葉が一番にあげられるでしょう。

グリーンバークは、アクション・ステップを管理するために、1977年から1日も休まずに毎朝同じ習慣を続けています。必ず決まったペンとノートを使い、毎朝一定時間に、その日のアクション・ステップとスケジュールに取り組みます。

彼は2本の万年筆（ペリカンの万年筆と決めています）――太い方は青いインク、細い方は茶色のインク――を使ってアクション・ステップを書き出し、それぞれの右側に蛍光ペンで優先順位を示す丸印をつけていきます。「蛍光ペンの印が3つと黒い点がついているものが一番重要」と説明してくれました。また、ページの一番上に鉛筆で、その日のスケジュールを大ざっぱに書き出し――それから、R／GAがその日行うことになっている重要なプレゼンをペンで書きます。

「両開きのノート2ページを使って、さまざまな行動リストを管理している」とグリーンバーグは言います。「まず、一番左側に、秘書に任せられる仕事を書く——そして、そのすぐ右側に自分がやるべきことを書き、またその右側に……」

その話を聞けば、持続することと、この手づくりの素朴なシステムへの愛着が大きな結果につながっていることは明らかでした。

「書き出さなければ、やるべきことに入らない」と彼は言います。「大変そうに聞こえるが、このおかげで自分のすべきことが正確にわかる。毎日新しいリストを作り、毎朝古いリストを移し変える。30年間これを続けてきた」。グリーンバーグは自分のやり方を「こだわりすぎ」だと認めますが、効果があるのです。

彼の手法の細かい部分——文房具、項目につける印、毎朝行動リストを整理する決まった時間など——がこのシステムを続けるやる気につながっています。つまるところ、どんな手法もやり続けることで、一番効果が上がるのです。人それぞれにシステムは違いますが、生産性の高い人々は、自分の習慣の細かい部分に注意を払うことで、やる気を持続させています。アクション・ステップを管理するシステムを作るときには、「持続できるもの」にしなければなりません。

アクション・ステップは、アイデアを前進させるために実行すべき具体的な事柄です。アクション・ステップがはっきりとして具体的であればあるほど、実行に移す際のハードルが低くなります。アクション・ステップがあいまいだったり複雑だったりすると、それを飛ばして、よりわかりやすいものに取り組んでしまいます。そうならないために、すべてのアクション・ステップを動詞で表すのです。

プログラマーに電話して、○○を話し合う
○○のためにソフトウェアをインストールする
○○の可能性を調査する
○○のサンプルを集める
○○のために資料を更新する
○○の問題に対応する

動詞で表せば、アクション・ステップを一目見ただけで、すぐにどんな行動が必要かわかります。また、同じ理由で、アクション・ステップは短い文章にしなければなりません。

私とあなたが会議中に話し合っている場面を想像してください。私はあなたに実現したいことを話し、そのアイデアをよりわかりやすく説明する図表を見せたとします。あなたが「やりたいことはわかった。同じような機能のある、すごくいいサイトを設計した男を知ってるよ」と言ったとしましょう。すると、私はウェブサイトについて後であなたに訊くことをアクション・ステップとして書き留めるのです。

同様の機能を持つウェブサイトについて○○さん（あなたの名前）に訊く

同僚は、こう言うかもしれません。「以前の下書きに戻って、最初の計画を見直そう――あっちの方が良かったんじゃないか？　どう思う？」。そうすると、アクション・ステップはこうなります。

以前の下書きを印刷し、代替案について○○さん（同僚の名前）と話し合う

メールや電話の返事を待っていることもあるでしょう。自分以外の人間がボールを持っているときには、それを忘れがちです。返事がないときに自分から行動を起こすアクション・ステップを書き留ましょう。

あらゆる意見交換からアクション・ステップが生まれます。とてもささいなアクション・ステップでも、積み重なれば大きな違いを生みます。アクション・ステップを書き留め損ねると、誤解を生んだり、会議の数が増えたり、プロジェクトの成否を左右することもあるでしょう。

次のことを心に留めておきましょう。

▼アクション・ステップをどこでも書き留める

アイデアが生まれるのは会議中だけではありません。アクション・ステップも同じことです。雑誌を読んでいるとき、シャワーを浴びているとき、ボーッとしているとき、そろそろ寝ようとしているとき、アイデアは浮かびます。とあるプロジェクトの件で1カ月前に会った後は連絡していないことを思い出したら、「○○さんに××の件で連絡すること」とアクション・ステップに書き留めましょう。結婚式の招待状をメールで受けとったら、アクション・ステップは「返信すること」です。

アクション・ステップを広く捉えて――つまり、すべきこと（または他人に任せること）はなんでもこれに入ります――全部書き留めましょう。会議中に出てきたことだけではいけません。ノートやレコーダーなど記録できるものをいつも持ち歩いていれば、すべきことを思いついたらすぐにそれを残せます。私たちのチームは「アクション・メソッド・オンライン」というｉＰｈｏｎｅのアプリケーションを開発しました。ユーザーが「いつでも、どこでも」手軽にアクション・ステップを書き留め、プロジェクトに分類できるようにしたかったからです。どんなメディアを使ってアクション・ステップを書き留めるにしろ、それが常に手元になければいけません。また、後からアクション・ステップを簡単に見直すことができ、そのとき何を考えていたかをはっきりと思い出せるシステムでなければいけません。そして、一番大切なのは、アクション・ステップとレファレンスを区別できるようにしておくことです。

▼だれの責任かわからなければ、アクション・ステップは実行されない

それぞれのアクション・ステップに、だれか1人が責任を持たなければなりません。複数の人々からの情報が必要なアクション・ステップもありますが、最終的な責任の所在はだれか1人の手の中にあるべきです。チームを率いる立場の人やアシスタントがいる人なら、アクション・ステップを書き留めてだれか他の人にそれを任せることもできます。ですが、アクション・ステップを遂行する作業をだれかに任せたとしても、最終的な責任者がそれを自分のものと考えなければ――そして見届けなければ――いけません。

つまり、これはアカウンタビリティの問題です。だれかに作業を終わらせるようメールで頼んでも、それが完遂されるとは限りません。だからこそ、最終的にあなたが責任をもつべきアクション・ステップは、それが終わるまで――たとえだれか他の人にそれを任せたとしても――リストから外すべきではありません。そのアクション・ステップをだれかに任せたことを記しておきましょう。

▼だれかに任せたアクション・ステップを「確認」する

アクション・ステップには、あなただけにしかできないもの以外に、3種類あることを、プロジェクトリーダーとして心に留めておきましょう。1つは、だれかに任せたアクション・ステップで、これは先ほどお話ししたばかりです。もう1つは、「確認が必要なアクション・ステッ

プ」です。将来的に完成を見届けたいアクション・ステップがあるでしょう。しつこくチームメンバーのお尻をたたくのではなく、「○○を確認する」というアクション・ステップをつくりましょう。たとえば、「デイブが記事の見出しを変えたかを確認する」と書くのです。もしデジタルなツールでアクション・ステップを管理していれば、「確認する」というキーワードで（「確認する」という言葉が入ったアクション・ステップを）いつでも検索できますし、そうすればそれが実行されたかどうかを確かめることができます。なにか手落ちがないかと心配するあまり、仲間にくり返し催促メールを送りつけるよりも、「○○を確認する」と書き留める方がいいでしょう。ボイスメールにメッセージを入れたり、顧客になりそうな人にメッセージを送ったり、メールに返信してそれを受信箱から移し替えたりする場合、返事がないとそのまま忘れてしまいがちです。

3つ目は、『待機中のアクション・ステップ』です。「待機中」と書き留めることで、自分の手から離れた作業を追跡できます。私はクライアントになりそうな人にメールを送るとき、「コンサルティングについて、アップルのジョーからの確認を待つ」というアクション・ステップを書き留め、「コンサルティング」プロジェクトの中に保存します。そしてオンラインのタスクマネジャーの中に1週間後の期日を設定します。すると1週間後に、確認するよう知らせてくれます。時にはすべてのプロジェクトの「待機中」のアクション・ステップを検索し、1時間かけて全部を追跡することもあります。

▼行動重視の文化を育てる

創造性を活かすためには、チーム内に行動重視の文化がなければいけません。アクション・ステップを書き留めるよう頼むのは、少し面倒だったり、押しつけがましいようですが、そうした確認を快く受け入れる文化を育てることが、アクション・ステップを見失わないことにつながるのです。

私が観察した非常に生産性の高いチームのいくつかは、他の人たちにアクション・ステップを書き留めるよう念を押すことに慣れていました。「さっきの書き留めた？」と感じよく訊ねたり、会議後に、出席者が書き留めたアクション・ステップを毎回順番に全員がおさらいする時間を設けたりしていました。そうすると、抜けているアクション・ステップや重複しているものが必ず見つかります。この簡単な習慣が、何週間も後になって、だれがなにをしているのかわからなくなったり、なにかが抜け落ちていたりするような状況を防ぎ、時間を節約するのです。

▼ときめきが継続につながる

アクション・ステップを書き留める実際の手順に関しては、自分に一番合うやり方を見つけるべきです。生産性を上げるための道具の見た目は、それを使おうという意欲に影響することを心に留めておきましょう。魅力のあるものはやる気につながります。整理し続けるための手法を楽しんでいれば、それを長い間継続する可能性も高くなります。ですから、書類フォルダの色や紙質といったほんのささいなことも、実際に生産性を上げることに役立つのです。

『スタイルの本質』（*The Substance of Style*）の中で、ジャーナリストのバージニア・ポストレルは、ユーザビリティの大家であるドナルド・ノーマンのこの言葉を引用しています。「素敵なものは使い続けられる」。カラーのPCモニターが最初に発売されたとき、ノーマンは普通の白黒モニターではなく高価なモニターを買うだけの価値があることを証明しようとしました。今ではあたりまえに思えますが、インターネットとカラープリンターが普及する以前の時代には、ワープロ機能のためにカラーモニターがなぜ必要なのかわかりませんでした。「カラーディスプレイを手に入れて1週間自宅で使ってみた」とノーマンは言います。「その週の終わりに、2つのことに気づいた。1つは、わかっていたが、カラーである利点はまったくない、ということ。もう1つは、それでも自分はカラーがいい、ということだ」。ポストレルはノーマンの発見を次のように説明しています。「カラーモニターによって仕事の感じ方が変わる理由は、『情報処理』でなく『愛着』にある」

バックバーナーを保管する

ブレインストーミングの間に、プロジェクトに取り組んでいる最中に、夜の長時間運転の途中に、今すぐには実行できないアイデアを思いつくことがあるでしょう。たとえば、もしもっと時間があったら、またはもっと予算があったら、現在進行中のプロジェクトでやってみたいことを思いつくかもしれません。または、将来やってみたい新しいプロジェクトの漠然としたアイデアが出てくることもあるでしょう。いずれにしろ、**こうしたアイデアを書き留め、後で見直す習慣を身につけなければ、必ず忘れてしまいます。**

これらを「アクション・ステップ」として記録しない方がいいでしょう。というのも、今すぐには実行できないからです。「レファレンス」として保存するのも適切ではありません。昔のプロジェクトの参考資料を見返すことは、ほとんどないからです。これらのアイデアを「バックバーナー」と呼びます——つまり、今すぐ取りかかることはないけれど、そのうちやりたい（そして定期的に見返したい）アイデアです。

こうしたすぐに忘れてしまうアイデアの中に、最良のものがあることもあります。ジェイムス・テイラーのヒット曲『スイート・ベイビー・ジェイムス』のメロディーは、ニューイングランドからカリフォルニアへの長時間運転の間に頭に浮かんだものだといいます。ジェイムス・テイラーは、短いメロディーやアイデアを後で思い出すためにマイクロレコーダーを持ち歩いていたそうです。運転中に、彼はレコーダーに手を伸ばし、メロディーとそのとき思ったこと、それから編曲のアイデアを急いで録音しました。彼がそのとき録音したアイデアを再生して曲を作ったのは、それよりずっと後になってからです。

私たちは人間です。機械ではありません。思いがけないときにアイデアや行動を思いつくのがクリエイティビティというもので、やりたいと思っても今すぐにそれができるとは限りません。人生における現在進行中のプロジェクトとは直接関係のない思いつきも少なくないはずです。ですが、今がそのタイミングではないからといって、そのアイデアが将来役に立たないとは言えません。

バックバーナーは、アイデア――と同時にそのアイデアを実現するためにとるべき将来の行動――をそのままにとどめます。今すぐ行動に移せないと、すばらしいアイデアもすぐに忘れられてしまいます。だからこそ、創造性をなんらかの形に残すことは欠かせません。

▼バックバーナーのファイルを作る

バックバーナーは、簡単にだれでも作れます。ノートの下か端――または別のページ――に、思いついた後回しアイテムを書き留めるだけです。書き留めた後回しアイテムが溜まれば、それをまとめて1カ所に保存します。現在進行中のプロジェクト（たとえば、クライアント名）に分類してもいいですし、遠い将来のアイデア、たとえば書きたい本や立ち上げたいビジネスなどを集めたバックバーナー専用のフォルダに分類することもできます。

私が観察した多くの人々は、ノートのページの下の方に枠を作っていました。そしてミーティングの間に思いついたバックバーナーをそこに書き込み、1日の終わりにそれを書類フォルダに入れたり、ＰＣに打ち込んだりします。

▼バックバーナーを見直す習慣をつける

もちろん、なんでもバックバーナーに放り込めばいいわけではありません。定期的に見直して、入れ替えることが必要です。それを習慣にしましょう。私が取材した、ある広告代理店のクリエイティブディレクターは、バックバーナーを文書作成ソフト「ワード」にどんどん書き込んでいました。毎月最終日曜日に、この10ページから15ページのドキュメントを印刷し、ペンとビールを片手に30分かけてこのリストを編集するのです。書き込みをひとつひとつ見直し、削除するか残すかを決め——時にはアクション・ステップに移すこともあります。

自分のスケジュール帳に毎月一度「バックバーナー見直し」の予定を入れるといいでしょう。中途半端なアイデアを見直す時間を習慣化しましょう。それらはいつかあなたの仕事や人生を変えるものになるかもしれません。バックバーナーはすぐ忘れてしまいがちです（それに、たいていはそれでいいのです）が、時にはそれを見直す必要があります。

バックバーナーを見直していれば、その中のいくつかが突然現実的に実行可能な目標になることもあるでしょうし、自分には向いていないとそのうちわかることもあるでしょう。長らくバックバーナーとして保存していたものが、実際に今直面している問題の解決策になることもあります。

レファレンスを整理する

第3の、そして最後の構成要素は「レファレンス」です。ノートをとり、図を描き、さまざまな配布物や参考資料をとっておきたくなるのは、小学校のときから私たちに刷り込まれた傾向です。大切でもそうでなくても、学んだことをすべて書き留めるよう教えられ、書き留めたことを試験のために全部暗記することもありました。

たいていの人たちは、たくさんの時間や空間を費やして、あらゆるものを記録し整理することが習い性になっていますが、実際にはそれが役立っていません。会議中にノートをとり、そのノートを他の配布物や参考記事と一緒に机の上に積み上げ、それらを複雑なシステムの中にファイリングするために時間を使うのです。なんのためでしょう?

体系的にレファレンスを保存する一番のメリットは、取り散らかったものを減らすことと、心の平穏の2つです——後からこれらを参照することはめったにないとしても。マイクロソフト・リサーチの科学者であるゴードン・ベルは、レファレンス管理を極めたことで有名です。彼は人生のすべてのデータ——すべてのメール、電話、面と向かっての会話（頭につけたビデオカメラを使って）、そして医療データも（心拍モニターで）——を記録することにしたのです。

あらゆるデータは自動的に記録され、人生のすべてが監視されている中で、ベルは生活を続けました。この実験で、彼の人生の膨大なレファレンスデータが蓄積されました。著書『ライフログのすすめ』(飯泉恵美子訳、早川書房、2010年)の中に描かれた彼の苦労は、きちんと報われていいます。なによりよかったのは、「記憶すること」から解放されて、より創造的で実行可能な仕事に集中できることでした。自分の心の重荷になるもの——自分の周りに積み重なっているもの——から開放されて、より生産的になれたのです。ですが、頭にビデオカメラをつけてない私たちは、そこまでできません。だから自分の手で情報を記録し整理しなければならないのです。では、レファレンスを残して整理するために、どれだけのエネルギーを使わなければならないのでしょう?

私たちの多くは、生活の邪魔になるこれらの書類を全部後で読み返すことはほとんどありません。会議中や過去のブレインストーミングの中で出てきた考えや大切なポイントを再考する機会があればいいのでしょうが、そんな余裕はめったにないのが現実です。本音を言えば、多忙な毎日の中でアクション・ステップを実行することさえ大変なのに、レファレンスを読み返す余裕はないのです。

プロジェクトの実行に費やす大切なエネルギーを消耗せずに、できれば新しいテクノロジーを使って資料を管理する方法を見つけなければなりません。

▼レファレンスは行動を妨げる

アクション・ステップが実行可能でない項目の中にまぎれてしまうことはめずらしくありません。ノートをとることに精力を傾ければ傾けるほど、大切なアクション・ステップを書き留め損なう可能性も高くなります。アクション・ステップを書き留めることができたとしても、走り書きや、思いつきやその他のメモにまぎれて目立たなくなってしまいます。ノートを閉じて数時間もすると、アクション・ステップは頭から消え去り、同時にその可能性も失われるのです。

▼時系列に保存する

プロジェクトごとのファイルや複雑なレファレンス管理をあきらめて、会議資料やメモをすべて——どのプロジェクトの資料も全部——時系列に1つに積み上げる人もいます。オンラインのスケジューリングソフトがある今では、過去の会議の日付を特定するのはごく簡単です。すべての会議（どのプロジェクトでも）のメモを、会議後すぐにレファレンスの山の一番上に置くのです。毎月この山を日付入りの書類フォルダに入れます。スケジュール帳を見れば、過去に参加した会議に関連するメモやその他の参考資料をすぐに見つけることができます。これで効率よく、しかも簡単に特定のプロジェクトのメモを見直すことができます。ファイリングや分類に時間がかからず、埃のつもった資料をきれいに片づけることが可能です。

▼レファレンスを整理する

後で役に立ちそうな雑誌やウェブサイトやメモといったものがあります。次のやり方なら、必要なときに簡単に参考資料を探せます。

自問する

「なぜこれが必要なのか？ 後で見返すとしたら、どんな目的か？」。この質問に答えられないなら、捨てるべきです。コンセプトを学び、理解するために書き留めるという人もいます。それはいいことですが、そのメモを捨てて、アクション・ステップだけを残すことを考えてみましょう。しかし、そのメモが重要で、後のために保存すべきだとしたらどうでしょう？

ラベルを貼る

「後になって直観的に資料を見つけるためには、どう分類したらいいか？」と自問してみましょう。時系列に保存するなら、ラベルは日付だけで大丈夫です。そうでなければ、どのプロジェクト名がもっともふさわしいか考えてみましょう。

ファイルする

紙ベースのシステムを使うなら、ふさわしいフォルダ（カレンダーに合わせて時系列に保存するやり方なら、山積みでもかまいません）に資料を入れましょう。さまざまな業種に応用できる、すばらしいソフトウェアやオンラインのアプリケーションもあります。たとえば、エバーノート（evernote.com）は、スナップ写真を撮ったり、文字や音声を記録し、それらをラベル（プロジェクト名）ごとに保存できる、ウェブベースのアプリケーションです。ベハンスが作ったアクション・メソッドのオンラインアプリケーションにも、文字やURLをプロジェクトごとに保存するレファレンス管理機能があります。グーグルやアップル、その他の企業のオンラインアプリケーションでも、プロジェクトごとに資料を整理することができます。

アクション・メソッドを実践する

アクション・メソッドは、プロジェクトを基本的な要素に絞り込むことで、作業を終わらせ、物事を前進させるという、もっとも大切なことにエネルギーを集中させるための方法です。その第一歩は、現在進行中のプロジェクトのいくつかを、アクション・メソッドの視点で見てみることです。それぞれのプロジェクトを、3つの要素に分解してみましょう。アクション・ステップ、バックバーナー、そしてレファレンスです。

あなたの人生におけるプロジェクトを2つ思い浮かべてみましょう。家族や家庭に関係する個人的なプロジェクトと、仕事関係のプロジェクトです。それぞれの現在のアクション・ステップを考えてください。そのアクション・ステップは受信箱のメールの中にばらばらに散らばっていませんか？　ノートや日記の中には？　紙ナプキンに走り書きしているのでは？　これらのプロジェクトのバックバーナーを保存していますか？　レファレンスはどうですか？　オフィスの中に山積みになったり、ぜったいに見つからないようなファイルの奥にしまいこまれていませんか？

次のことを心に留めましょう。

▼アクション・ステップをメールと区別する

みなさんは、実際に行動するときになって、メールを何度も読み返し、なにをすべきだったか思い出そうとしたことはありませんか？　メールは生産性を台無しにします。なぜならやるべきことがレファレンスにまぎれてしまうからです。とるべきアクション・ステップはたくさんのメールの中にまぎれ、そのうち他のメールと一緒にどこかにいってしまいます。ですから、アクション・ステップは、独自の空間（またはシステム）を持たなければなりません。アクション・ステップを管理するシステムとメールをどのように組み合わせるかについては、後で詳しく述べます。

▼仕事と私事を一緒に管理する

たいていの人は、個人的な行動と仕事上の行動を区別しようとします。仕事では、正式な「すべきこと」リストやアプリケーションを使っていても、家では冷蔵庫の扉にポストイットを貼ってすべきことを思い出しています。ですが、生産性の高い人々を見ていると、どんな場面でも同じようにアクション・ステップを管理していることがわかります。優先順位は違っても、1つのシステムでやるべきことをすべて管理するのが、もっとも効率がいいのです。最新の携帯電話用の作業管理ツールなら、どこにいてもアクション・ステップがわかります。同じシステムを使って、いつでもどこでもアクション・ステップに優先順位をつけることが（そして実行することが）できます。みなさんもまた、仕事関係のアクション・ステップを個人的なものと一緒に管理する方が、仕事をしやすいことがわかるようになるでしょう。

▼受け入れられてはじめて、本当に「任せた」ことになる

「やるべきこと」のリストを複数のメンバーと共有するようなプロジェクト管理の手法は多いのですが、チームメンバーが任されたアクション・ステップを受け入れなければ、真の責任は生まれません。チームメンバー全員（あるいは、少なくとも数名の仲間）が現在進行中の作業を把握しているだけでなく、メンバー自身が任されたアクション・ステップを受け入れるか、または拒否するかをはっきりさせなくてはなりません。この「承認」が責任を生み、プロジェクトの進行を遅らせるあいまいなアクション・ステップを取り除きます。

アクション・ステップをメールでやりとりしている場合は、なんらかの形で承認か確認を義務づけることもできます。あいまいだったり、正確でないアクション・ステップが送られてきたら、それを拒否して説明を求めればいいのです。そうすれば、アクション・ステップがあいまいなまま放置されることがありません。紙のリストや壁に貼り出す場合は、メンバー全員が自分のアクション・ステップ──任されたものも含めて──を（自筆で）書き出すのが一番いいでしょう。それが、理解し受け入れていることの表明となるからです。アクション・ステップが明確で実行可能でない限り、あなた自身（とプロジェクトの仲間）がそれを受け入れないことが大切です。

▼同時並行ではなく、順番に実行する

2つのアクション・ステップを同時に実行することはできません。つまり、「同時並行作業」はあり得ないのです。ですが、すべてのプロジェクトのアクション・ステップが明確で、きちんと整理されていれば、一度にいくつかのプロジェクトに取り組むことができます。プロジェクトからプロジェクトに移る間の無駄な時間を最小限にとどめるよう努力しましょう。その秘訣は、ひとつひとつのプロジェクトをきちんと構成要素に落とし込むことです。

情報処理の時間をとる

1日中、次から次へと会議やブレインストーミングやその他の創造的な仕事をこなしていると、アクション・ステップやレファレンスやバックバーナーが溜まってきます。配布物、走り書き、メール、SNSのメッセージなども、どんどん溜まります。これらは届くとすぐに、ノートやポケットや受信箱やPCの中に埋もれていきます。

アクション・ステップだけを他のものから区別して保存できれば、それに越したことはありません。ですが、処理するための——1日の間に溜まったメモやメッセージに目を通し、各構成要素に分類するための——時間が必要です。手書きのメモを使った紙ベースのプロジェクト管理がいいという人たちは、目に見える「受信箱」——分類前の書類の山——を使うことをお勧めします。生産性を上げるための手法の多く——たとえば、デビッド・アレンの『ストレスフリーの整理術』(田口元監訳、二見書房、2009年)——は、今すぐに実行や分類のできない溜まったものをすべてを1カ所に集めるやり方を勧めています。この「受信箱」は、最終目的地ではなく、処理を待つ間の「乗り換え駅」のようなものです。1日中会議で忙しいときには、実行に移したり、片づけたりする時間はないでしょう。

では、毎日流れ込んでくるデジタル情報はどうでしょう。一番多いのはメールですが、それ以外にも情報はオンラインで流れてきます。机の上の目に見える「受信箱」は1つですが、デジタルではそれが集合体になります。1つにまとめるためには、ソーシャルネットワークの情報をメールに転送するように設定しておくといいでしょう。情報を整理するには、訪れる場所の数が限られている方がいいのです。メールやその他のデジタル情報を1カ所に集められないのなら、受信場所をいくつかに限定する必要があります。たとえば、私の受信箱はメール（ここに他のすべてのネットワークからのメッセージが入ります）、ツイッター、作業管理アプリケーション（同じアプリケーションを使っている仲間から送られるものを、ここで承認または拒否し、プロジェクトごとにこの情報を管理します）です。情報を整理するときには、この3カ所と、そして書類でいっぱいの机の上の本物の受信箱を見ます。

読者のみなさんもご存知のように、21世紀の「受信箱」は人によってそれぞれ異なります。**整理にとりかかる前に、自分自身の「受信箱」をはっきりと決めなければなりません。**心の平穏と生産性は、どこになにがあるかを知ることからはじまります。受信箱の集合によって、「心配しなくても大丈夫。必要なものは全部（アクション・ステップ、バックバーナー、レファレンス）決められた場所にあって、後は分類するだけだ」という気持ちになれるのです。

デジタルな生活に慣れていると、なんらかの規律をもたなければ受信箱を整理することがおぼつかなくなります。というのも、携帯デバイスと常時接続のおかげで、メッセージがあまりにも頻繁に流れてくるからです。電話、ＰＣメール、携帯メール、対面――その他さまざまなオンラインの情報はもちろんのこと――といった延々と流れ込む情報によって、集中力は失われます。ですから、いわゆる「受け身の作業」の罠にはまらないよう気をつけなければなりません。

受け身の作業とは、受信箱に流入するものにとりあえず手をつけようとして他のことができなくなる状態です。もっとも重要で実現可能なことに集中せずに、来たものを片づけることに時間を使いすぎるのです。受け身の作業のために、前向きなことにエネルギーを使えなくなります。情報の整理には規律が必要ですし、集中力を維持するためには壁を築くことが求められます。多くのリーダーたちが夜の時間や、情報の流入が途絶える時間帯にこの整理を行うのはそのためです。

情報の整理に使う時間は、1日の中でおそらくもっとも大切で生産的な時間です。ここで、すべての情報に目を通し、アクション・ステップ、バックバーナー、レファレンスのどれかに分類します。アクション・ステップの中から、プロジェクトごとにすぐに実行できることや時間をかけて追跡すべきこと――そして仲間に任せること――を判断します。またその他の資料に関しては、捨てるものと保存するものを分けます。

受信箱の整理に手をつけると、受信箱が行動管理のツールとしてひどいものだとわかるでしょう。アクション・ステップを参考資料やその他の雑音と区別することができないからです。次々に送られてくるメールはもちろんのことです。メールのほかにもツイッターやフェイスブックなどの情報が流れ込んできます。

その中には行動に移せるものや、実行可能な要素を含むものもありますが、それ以外は参考資料（か、ただの雑音）にすぎません。

情報がたえず流れ込んでくる状況では、アクション・ステップだけを別に書き留めて管理すべきでしょう。「アクション・サブフォルダ」といった小技や、メールの中でアクション・ステップに優先順位をつけて管理する手法などはありますが、やはり一番いいのはアクション・ステップだけの「神聖な場所」を設けて、プロジェクトごとにそれを管理することです。アクション・メソッドでは、情報交換とは別にアクション・ステップを管理することが前提です。すべてのアクション・ステップが追跡できるような（同時にプロジェクトや日付ごとに分類できるような）スプレッドシートか、「すべきことリスト」といった単純なものでいいのです。より複雑なプロジェクト管理システムを使ってアクション・ステップを日々管理し、委任や協力に役立てることも可能です。冗長なメールやさまざまに場所に散らばった無数の情報の中に「すべきこと」が埋もれないようにしなければなりません。

メールを使ってアクション・ステップを管理するチームは、行動を示すメールのタイトルの頭に「アクション」という言葉をつけるべきです。レファレンスの場合は「ＦＹＩ（念のため）」という言葉をタイトルの頭につけましょう。共通言語を確立することで、全員がメールを分類できるようになり、このキーワードを使ってアクション・ステップを検索できるようになります。

アクション・メソッドの流れを感じる

新しいアイデア、メモ、情報は、毎日受信箱に流れ込んできます。1日のどこかの時点でそれらを整理し、すべてをアクション・ステップ、バックバーナー、レファレンスに分類します。そして、それぞれの項目を仕事や個人的なプロジェクトに振り分けます。そうしている間に、すぐにできることを実行し、時間のかかるアクション・ステップをプロジェクトの作業リストか、作業管理ソフトのプロジェクト名（と必要ならば日付）の下に加えます。バックバーナーは、ふさわしいフォルダかリストに付け足します。レファレンスは捨てるか、プロジェクトごと、または時系列に保存します。

書き留める

いつでもどこでもアクション・ステップを書き留めましょう。ブレインストーミングや会議中、またはランニングの最中にもアイデアは生まれますが、具体的な行動を示すアクション・ステップとして書き留めておかないと、こうしたアイデアは消えてしまいます。ノートでも、機械でも、あなたが使いやすいものにそれらを書き留めましょう――ですが、アクション・ステップを他のものと区別し、レファレンスやバックバーナーにまぎれこまないようにしましょう。自分自身にメールを送る人もいますし、携帯電話に作業項目を書き留めてそれが自動的にオンラインの作業管理ソフトに連動するようにしている人もいます。

● 流れを感じよう：発想→要素に分解する→振り分ける→プロジェクトごとに管理する

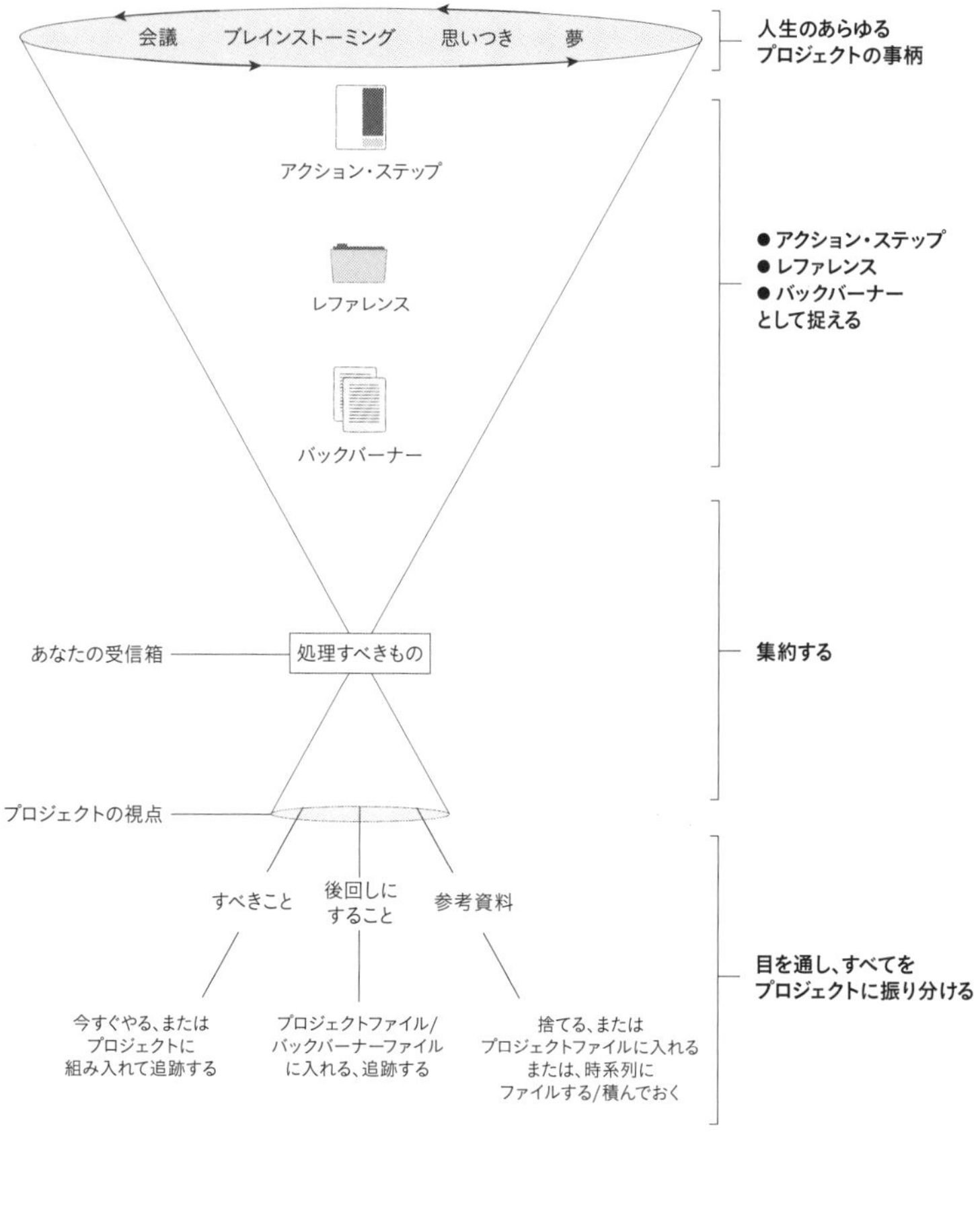

どんな方法でもかまいませんが、アクション・ステップが目立つことと、他のすべてのものと別に管理することがとても大切です。知らず知らずのうちに溜まってしまった大量の書類や、アクション・ステップとバックバーナーとレファレンスがごっちゃになったメールで困っているのなら、それらを未処理の受信箱に入れましょう。

▼受信箱を決める

リアルな受信箱の他に、メールの受信箱やその他のデジタルな情報源が存在します。それらを特定し、自分が管理するデジタルな受信箱をいくつかにまとめましょう。

▼整理する

毎日数時間（最低、1週間のうち数回）は受信箱の中身を整理しましょう。その山（またはメール）を見返し、実行に移すものとそうでないものを分けましょう。

● 実行可能なアクション・ステップを書き出しましょう。すぐに片づけられるアクション・ステップであれば（たとえば短い電話をかける、請求書の支払を済ませるといったこと）、すぐやりましょう。デビッド・アレンはこれを「2分ルール」と言います――2分以内に済ませられることは、すぐにやるというルールです。結局、システムに書き留めるのに1分くらいはかかるのだから、今そこで済ませてしまった方がよいのです。

●使っている行動管理システムがどのようなものでも、一貫して同じやり方でアクション・ステップを書き留め、プロジェクトと締切に従って分類すべきです。そうすることで、生産性を極める準備ができます。

●後回しにすることをバックバーナーのフォルダに入れましょう。そしてわかりやすいプロジェクト名をつけましょう。

●レファレンスはできるだけ捨てましょう。配布資料やノートを後で使うことはほとんどありません。保存すべきレファレンスはプロジェクトごとにファイルするか、時系列に保存しましょう。

優先順位をつける
——エネルギーを正しく配分する

大規模なプロジェクトは——面倒で手間のかかるプロジェクトも同じですが——要素に分解すると管理しやすくなります。仕事（や人生）を、アクション・ステップ、バックバーナー、レファレンスに分解できたら、次はなにから手をつけるかを決めなければなりません。一度に集中できるアクション・ステップは1つだけですから、優先順位をつけなければいけないのです。優先順位を決めることは、段階的な進歩だけでなく、長期的な目標へのモメンタムを維持することにも役立ちます。正しい判断力、自己規律、そして周囲からの前向きなプレッシャーによって、優先順位が決まります。

活力の限界を知る

しばらく前になりますが、私は『グッド』という社会貢献に特化した月刊誌の編集長であるマックス・ショアやチームのみんなと、半日間一緒に過ごしました。彼らは根っからの理想主義者の集まりらしく、常に仕事を抱えすぎ、働きすぎていました——あらゆることに取り組み、しかもすべてを完璧にこなそうとしていたのです。ショアが言うには、「あり余る数のアイデアが生み出されていたけれど、グッドの仲間は、どれも無駄にしたくないんだ。だから、ものすごい量のエネルギーが浪費される」

次から次へとアイデアを生み出す人は、それだけ多くのプロジェクトに関わったり、自分ではじめたりしているはずです。プロジェクトの要素を書き出して整理し、実際の問題解決のためにあれこれと工夫し、アクション・ステップをやり遂げるには、膨大なエネルギーを必要とします。エネルギーは人間にとってもっとも貴重な資源です。持てるエネルギーには限りがあります。コンピュータが記憶装置の容量分しか情報を保管できないように、人間にも限界があるのです。

その貴重なエネルギーをどこに注ぎ込むかを決める場合、すべてのプロジェクトを「最高」から「休止中」までの範囲に添って一目でわかるよう書き出してみましょう。現在進行中のプロジェクトにどのくらいのエネルギーを使うべきでしょう？

いつの時点でも、最大の注意を払うべきプロジェクトがいくつかあるでしょう。一方でそこまで重要でないプロジェクトや、今は休眠中のものもあるはずです。このカテゴリーに従ってプロジェクトを分類すると、もっとも重要なプロジェクトは、このエネルギー直線上で「最高」に分類され、その他のものも、一番下は「休止中」まで、これに従って分けられるでしょう。覚えておいてほしいのは、プロジェクトにかける時間の長さに従って分類するのでは**ない**ということです。プロジェクトの重要性をもとに、それにどれだけのエネルギーを使うべきかによって、振り分けるのです。

エネルギー表の「最高」に分類するのは、今現在もっとも重要なプロジェクト――あなたのエネルギーの大半を使う価値のあるもの――でなければなりません。プロジェクトの経済的かつ戦略的な価値に従って分類するべきです。私たちは、おもしろいけれどそれほど重要でないプロジェクトに多くの時間を割くことが少なくありません。この「エネルギー表」のコンセプトはそれを避けるためのものです。

エネルギー表に従ってプロジェクトを見ようとすれば、次のことを自問するはずです。自分はなににどれだけの時間を使っているか？　自分は正しいことに力を注いでいるか？

クリエイティブな組織で気が狂いそうに忙しい日々を送っていると、自分がなににエネルギーを使っているかを把握できません。

エネルギー表は、簡単なやり方でチームのエネルギー配分を測り、調整することに役立ちます。多くの人々が、同じようなコンセプトを使って、人生のプロジェクトを優先順位に従って可視化しています。あなた自身のエネルギー表を何分間か考えてみれば、今週、今日、この時間のあなたのエネルギーがきちんと管理されているかがぼんやりとつかめるでしょう。

エネルギー表を作ることは、チームが優先順位に合意するための有効な手段にもなります。たとえば、ホワイトボードの周りにチームメンバーが集まって、小さなカードに主要プロジェクト名を書きます。それから、プロジェクトの重要性と、それぞれのプロジェクトにどれだけの注意を向ける必要があるかに従って、エネルギー表にチーム全員でこのカードを置いていきます。はじめのうちは、必要以上に多くのプロジェクトが「最高」に分類されているはずです。これは当然のことで、さまざまなチームメンバーが異なるプロジェクトにいろいろな関心を

● エネルギー表：どれだけのエネルギーを注ぐべきかによって、プロジェクトを分類する

最高	高	中	低	休止中
バージョン2.0	AMO販売ページ	チームブログ	財務管理	脚本
		本の企画	事務所の模様替え	グラフ1.0
			マップのデザイン変更	

寄せているからです。こうした不一致は歓迎すべきもので、これがチームが共同で優先順位を決めるきっかけになります。

エネルギー表をさらに考えていくと、しばらくの間はあまりエネルギーを注がなくていいプロジェクトはどれかを決める必要があることがわかってきます。エネルギー表を使っても使わなくても、チーム全員がエネルギーの配分について議論を戦わせるべきです。**エネルギーは限られた資源ですが、これまでめったに正しく管理されていませんでした。**

プロジェクトごとにそれぞれのアクション・ステップがはっきりと記されていて、エネルギー表に従ってプロジェクトが分類されていれば、どのアクション・ステップを実行すべきか、また時間をどう配分すべきかが、一目瞭然になるでしょう。

緊急性と重要性のバランスをとる

エネルギー表の視点は、さまざまなプロジェクトにエネルギーを配分することに役立ちますが、それでも予期せぬ出来事や緊急の問題が発生すると、そちらに引っ張られてしまいます。目の前の問題をすぐに片づけようとするのです。たとえそれが今すぐやらなくてもいいことでも——あるいはだれかの仕事でも——長期のプロジェクトに関わる作業よりも、緊急性が高いように見えると、すぐに手をつけたくなるのです。クリエイティブなプロジェクトのリーダーは、すべてを手早く片づけたいという衝動に駆られます。私はこの衝動を「すぐやる病」――問題や作業の大小にかかわらず、目の前に現れるとすぐにそのすべてに手をつけたがる傾向――と呼んでいます。新生児の世話をする母親の本能のようなものです。しかし、受信箱に入ってくる一番新しいメールやクライアントからの電話に対応しているだけでは、長期の目標を追いかけることはほとんど不可能です。

ありがたいことに、長期プロジェクトを前進させながら、緊急事態に対処する方法はあります。その第一歩は、振り分け、価値の共有、そして明確化です。

プライスライン・ドットコム、ATM、または携帯電話を一度でも使ったことがあれば、ウォーカー・デジタルが開発し特許を取得したテクノロジーを使っていることになります。この70名ほどの会社は、もともと研究開発機関でしたが、さまざまなテクノロジー分野で多くのアイデアを開発し、特許の取得に成功しています。ウォーカー・デジタルのチームは、創造性に秀でた集団として常に新しいアイデアを開発しているため、クリエイター特有の「すぐやる病」にかかりやすい企業でもあります。ですが、この会社の経営陣は、日々の作業を効率よく行いながら、未来を見据えてイノベーションを起こす能力を誇ります。

どの時点においても、社の半分は新しいアイデアを考え、残りの半分は特許取得済みの技術を管理し、ライセンスを提供しています。このような環境では、既存事業の緊急作業が日々必要になり、そのため複数年にまたがる開発プロジェクトにかけるエネルギーが消耗されてしまうと思われるかもしれません。ですが、そうではありません。ウォーカー・デジタルのこれまでを振り返ると、日常業務の要請は日々増大しているにもかかわらず、長期プロジェクトへの集中を維持できているのです。

社長のジョン・エレンタールは、日常業務をこなしつつ新しいアイデアを開発する難しさを認めています。「開発と業務は、根本的に違う仕事だ」と彼は語ってくれました。「日常業務に引っ張られるのはしかたのないことだ。次になにをやるか決めるとき、明日でもできることよりも、今日やらなくちゃいけないことを優先させるから」。つまり、進行中のプロジェクトで毎日持ち上がる緊急作業と、限りなく後回しにされやすいもっと重要な（しかし今でなくてもいい）ことが、強く引っ張り合っているのです。なんらかの規律がなければ、毎日の「緊急の用事」に引きこまれて、将来の成功を犠牲にしかねません。

ウォーカー・デジタルが長期プロジェクトに集中し続けられるのは、その特殊な文化のおかげかもしれません。第一に、この会社は非上場企業です。「普通の株主は、アイデアを特許化するまで辛抱してくれない」とエレンタールは言います。特許取得に長い時間と多くの費用がかかるため、たいがいの投資家は二の足を踏むのです。しかし、ウォーカー・デジタルの社員にとって、これはアイデアの価値を高めることにほかなりません。「アイデアを商業資産にするために大きなエネルギーを注ぐからこそ、社員がアイデアを追求できる――そしていつもそれを一番に考える……アイデアがわが社に大きな価値をもたらすことをみんなが知っているんだ」

アイデアの可能性を全員が認めているため、日常業務がそれを脅かすときには、社員が堂々と異を唱えることができます。エレンタールと経営陣は、とりわけこの会社の率直さを誇りにしています。彼の同僚で最高マーケティング責任者のシャーリー・バーギンは、こう説明してくれました。「明確さを大切にする価値観があるから、理解に苦しむことがあれば怖がらずに反論できます」。日常業務と長期のイノベーションを同時に行う企業にとって、明確さを追い求めるからこそ、エネルギー配分について継続的で健全な議論が続けられるのです。

ウォーカー・デジタルのアイデアに対する共通の価値観――それと明確さを求め続ける文化――が、長期プロジェクトのために時間を割き続けるよう、社員を後押しするのです。この会社では、組織の半分が長期のプロジェクトに取り組み、残りの半分が特許管理の法律面と業務面を監督する構造になっています。またその企業文化を通して、長期のプロジェクトを維持することができるのです。

1人で働いていても、大人数のチーム（あるいは企業）に属していても、まずはなにが緊急で、なにが長期的に重要かを見分けることからはじめましょう。とりわけクリエイティブな環境では、重要プロジェクトに多くの時間と精神的な献身が必要です。次々と発生する「緊急」の用件――クライアントからの日常的な質問、請求書の支払い、問題や危機――は、長期目標を妨げかねません。もしそれが自分ではじめたプロジェクトなら、事はなお複雑です。

クリエイターとして、自分のプロジェクトに愛着があるだけに、ますます日々の作業や問題に手当たり次第に取り組もうとしてしまうからです。

「修復」ばかりに注意が向いてしまうことも少なくありません。どうしたら緊急の用件にとらわれず長期目標を維持できるでしょうか？　それは、優先順位をつけることによってです。そのためには、より自らを律し、振り分けと集中を促す手法を使うべきです。

いくつかのコツを紹介しましょう。

▼リストを2つ持つ

1日のアクション・ステップとエネルギー配分を整理する際、2種類のリストをつくりましょう。1つは急を要するもの。もう1つは重要なものです。長期目標と優先事項は専用のリストにまとめ、1日をすぐに使ってしまいそうな緊急の用件と区別すべきです。リストが2つあれば、それぞれに別々の時間を充てることができるでしょう。

▼大切なプロジェクトを5つ選ぶ

妥協が必要になることもまた事実です。重要事項を5つだけに絞り込む人もいます。家庭はたいていその中の1つですし、毎日注意を向けることが必要なその他の具体的なプロジェクトや情熱の対象もその中に入ります。もっとも大切なのは、そのリストに**ない**ことです。緊急の用事が発生したとき、重要ではあってもこのリストにない作業に取り組んでいるならば、それを中断すべきです。みなさんは、このリストに**ない**ことに、自分がどれだけのエネルギーを使っているかを知れば、驚くに違いありません。

▼その日の「集中分野」をつくる

「アクション・メソッド・オンライン」という生産性アプリケーションを立ち上げてから10カ月ほど経ったころのことでした。あるユーザーが、このアプリケーションの中に、その日に集中したいアクション・ステップ――どのプロジェクトからでも――を最大5つまでピックアップできる「集中分野」を別に作ったらどうかと提案してくれました。その日どんなことが発生しても、寝る前までには必ず集中分野の用事は片づけるという取り決めのようなものです。集中分野の短いリストがあれば、日中に何度も確認できますし、より重要な用件に確実に注意を向け続けることができます。

▼あせらない

緊急事態が起きると、不安になります。目の前のあらゆる難事が悲惨なことになるかもしれないと、はらはらしてしまうのです。ですが、心配しても時間の無駄ですし、重要な用事に戻れなくなります。緊急事態に対応する際には、それをアクション・ステップに分解し、そのアクション・ステップが終わったらすぐにエネルギーを元の仕事に戻すよう努力すべきです。

心配事が自分の影響の及ぶ範囲かそうでないかを考えてみることも、助けになります。自分が結果を変えられないのに、心配していることは少なくありません。問題解決のための行動をとったなら、その結果はもはやあなたがコントロールできないと思うべきです。

▼緊急の用件を部下に任せる

業務の責任をだれかに任せているときでさえ、緊急の用件が持ち上がると自分で対処しがちです。プロジェクトのことを心から気にかけていると、自分が解決したくなるのです。たとえば、日常的な問題のことでクライアントからメールが届いたとします。その責任はチームの別の人にあるのに、「ああ、これならすぐ手直しできるから、自分が片づけよう」と思ってしまうのです。すると次第に長期目標からエネルギーが移ります。

緊急の用件を自分で片づけようとするのは、若くして成功したクリエイターにありがちな、もっとも危険な傾向です。もし自分がそうなら、緊急の用件をだれかに任せるよう努力しましょう。

▼責任分担表を作る

パートナーがいれば、効率を上げるために、さまざまな作業を振り分けて片づけるはずです。

振り分けのために「責任分担表」を作るチームもあります。これは、ゴールドマン・サックス時代に私がチームの共同責任者たちと使っていたツールです。表の上側（横軸）にチームメンバーの名前を書き入れます。そして左側（縦軸）に毎週持ち上がるさまざまな用件をリストアップします。そしてだれ（表の上部分）がどの用件（左側）に責任を持つかに印をつけるのです。

たとえば、少人数のソフトウェア開発チームであれば、用件のリストには、「販売やグループ割引への質問」「ユーザーからのバグの報告」「紛失データの報告」「新機能についての提案」といったものがあるでしょう。チーム全員で、各メンバーが責任を持つ用件をチェックします。この表がいったん完成し合意されれば、だれが特定の用件に応えるか（もっと大切なのは、だれが応えてはいけないか）という重要なメッセージになります。これを作ることで、あらゆることに自分で対応してしまう衝動を抑え、チームの無駄な作業を減らすことができます。

● 責任分担表：だれがなにをするか

問題または状況	ブリタニー	アレックス	スコット
クライアントが話し合いを要求	✓		
ユーザーが著作権侵害かスパム関係の問題を報告	✓		
ユーザーが繰り返し（3度目か4度目）著作権侵害を報告	✓		✓
上位500社が製品統合について問い合わせ		✓	✓

▼邪魔されない時間を作る

テクノロジーが常に身近にあり情報がとめどなく流れ込む時代に長期目標を達成しようと思えば、邪魔をされずにプロジェクトだけに集中できる時間を作らなければなりません。生産性向上のためのウェブサイト、43フォルダーズ・ドットコムの創始者であるマーリン・マンは、「生産のための時間を生み出す」必要があると言います。マンが自分にメールを送らないようにと人々に説いていることは、よく知られています（事実、提案や頼みごとをメールで送られても決してそれに応えません）。彼は長年、生産性について書き続け、その人がつかまりやすいほど邪魔が入りやすくなることに気づいたのです。

私が取材した人の多くは、1日のうち一定の時間帯——たいていは深夜か早朝——を決めて、緊急の用件に邪魔されずに重要な仕事を進める貴重な機会にしていました。Ｍａｃユーザーなら「スペース」という標準機能を使ってデスクトップの画面に特定のアプリケーションだけを表示することができます。私が現場でよく見たのは、メールとその他の通信アプリケーションを1つのスペースにしまって、プロジェクトの作業をしている間はそのアプリケーションを別のスペースに保存するやり方でした。アップルのスペース機能を使わなくても、1日の間の一定時間に限って通信アプリケーションを最小化すれば（もしくは止めれば）いいのです。

もちろん、このやり方には自制心と、受け身の姿勢——目の前にある仕事ばかりに反応してしまう状態——から抜け出す能力が必要です。ですがこれで、もっとも重要だと思う仕事に集中する力を取り戻すことができるのです。

自然淘汰によって優先順位をつける

当然ながら、私たちはいつもエネルギーをきちんと配分し、緊急事項と重要事項を区別できるわけではありません。気持ちを切り替えようとしても、感情や不安が判断を曇らせて、行動や決定の優先順位が正しくつけられないことも珍しくありません。

あなたが周囲の人たち――仕事仲間、クライアント、友人、家族――に喜んで耳を傾けていれば、それがおのずと優先順位を決める際の前向きな力になり得ます。私はこれを「ダーウィンの自然淘汰的な優先順位づけ」と呼んでいます。なぜなら、自然の選択に任せることになるからです。よく耳にすればするほど、そのことに集中しやすくなるのです。平たく言えば、「せっつかれる」ということです。

多くのチームはこのやわらかい催促と仲間のプレッシャーに頼って、賢く優先順位を決め、さまざまなプロジェクトにエネルギーを配分しています。そんな企業の1社が、ニューヨークにある広告制作会社のブルックリン・ブラザーズです。この会社の経営者である、ガイ・バーネットとスティーブン・ルターフォードは、小規模ながらクライアントのために多くの作品を生み出し、同時にチョコレート菓子から子供向きの本までさまざまな社内ベンチャーを運営しています。

「僕たちにはすごくたくさんアイデアがあるんだ……まさにアイデア工場さ……でも、実際に取り組むのはその1割もないけれど」とルターフォードは言います。プロジェクト管理法や創作過程についてたくさんの質問をしてわかったのは、彼らがチームの自主性にかなり任せきりにしているということでした。最先端のプロジェクト管理システムを使ったりせず、必要なときにだけ（定期的にチェックするのではなく）会議を開いていました。あるとき、バーネットはこう打ち明けてくれました。「僕たちの実行力の秘訣は、本当に簡単なことさ。せっつくんだよ」。そしてこう続けました。「ロボットみたいに何千回も繰り返すんだ……僕たちのいいところは、ユーモアを交えて催促することさ。相手がしつこいと、黙ってほしいから結局言うとおりにするんだよ」。

ブルックリン・ブラザーズは大部屋形式なので、お互いに立ち上がって締切や次の会議について念を押す（せっつく）ことが簡単にできます。優先順位の決定やエネルギーの管理方法としてはまとまりがないようにも見えますが、驚くほど多くのチームがこれで生産性を上げていることは間違いありません。

私はその他の産業でも、「催促」が優先順位を決めるうえで自然の力として働いていることに気づきました。リーガル・シーフード——売上2億1500万ドル、従業員4000名の企業——のCEO、ロジャー・バーコウィッツは『インク』誌のインタビューで、「せっつかれること」が自分流の仕事術だと語っています。「私になにかしてほしいと思ったら……繰り返し催促してもらわないといけません」と言うのです。「催促されることによる経営です」

催促に頼ること――力づけてもらうこと――は、一見迷惑なものに思えるかもしれません。創造的なプロジェクトに没頭しようとしているのに、たえずなにかを催促されると、うるさいと思うでしょう。しかし、まとまりのない会議や、複数のプロジェクトの要素の優先順位を決めようとするとき、**周囲から念を押されることが、おのずと優先順位を決める助けになります。**だれかがずっとあなたになにかを催促し続けているということは、あなた自身がそのチームの生産性のボトルネックになっている可能性が高いのです。

さまざまなプロジェクトへのエネルギー配分を決めるとき、自分の決定が周囲にどのような影響を与えているかは、なかなかわからないものです。ある種のアクション・ステップが周囲にとってより重要だということもあり得ます。「せっつき」は集合的な優先順位づけによって生産性を上げる力です――ただし、これを支持する企業文化がある場合にこそ有効と言えるでしょう。

実行力

――ボールを前にころがし続ける

「天才とは1%のひらめきと99%の努力である」

トーマス・エジソンのこの有名な言葉は、イノベーションの世界ではとりわけ真実だと言えます。

実行とは、もちろんそのほとんどが努力です。各プロジェクトの要素を整理し、時間を割り振り、エネルギーを配分し、アクション・ステップを次々と片づけて、はじめてアイデアが形になるのです。

とはいっても、次々と作業を片づけていくうちに、プロジェクトが踊り場にさしかかり、自分を見失うことも少なくありません。アクション・ステップに圧倒され、終点が見えなくなったときが、その踊り場です。私たちのエネルギーとやる気──時には苦痛を伴う「実行」という作業を自ら進んで耐えること──は、アイデアを思いついた時点が一番大きいのが普通です。アクション・ステップが積み上がり、進行中の他のプロジェクトにも時間を割く必要が高まるにつれて、蜜月はすぐに終わります。アイデアの実行に伴う責任と仕事量が現実にせまると、次第に興味が薄れていくのです。

プロジェクトの踊り場から逃げ出すためのお手軽で魅力的な理由、それはもっとも危険なもの──新しいアイデアです。新たなアイデアは、エネルギーとやる気を取り戻してくれますが、それでは1つのことに集中できません。新しい期待の星が現れると、以前のアイデアを実行する努力がおろそかになります。すると、どうなるでしょう？　形にならないまま見捨てられたアイデアばかりが、踊り場にとどまることになるのです。新しいアイデアを常に生み出すことは創造性の本質の一部ですが、そこから離れられなくなると、自らの可能性を狭めてしまいます。

アイデアを実現へと推し進めるには、プロジェクトが踊り場にきたときに、それに耐え、さらに成長できる能力を養わなければなりません。集中を実行への姿勢を見直す必要があるのです。自然維持し、エネルギーを取り戻すための力は、自然に得られるものではありません。**アイデアを形にできるかどうかは、つまるところ、自制心と取り組む姿勢にかかっているのです。**

プロジェクトに取り組むためのもっとも有効な手段であるアクション・メソッドを提案することは、**行動重視の人生を送りなさい**、と言っているようなものです。ですが、そもそもなぜそれほど行動することが難しいのでしょう？

先送りする言い訳はいくらでもあります。今あるアイデアを実行するよりも、新しいアイデアをもっとたくさん生み出したいのはもちろんですが、それ以外に行動をためらう理由は「恐れ」です。人間は、拒否されたり、心の準備ができないままに判断を下されたりするのが怖いのです。

● 新しいアイデアを開発することで、プロジェクトの踊り場から逃げ出すのはやめよう

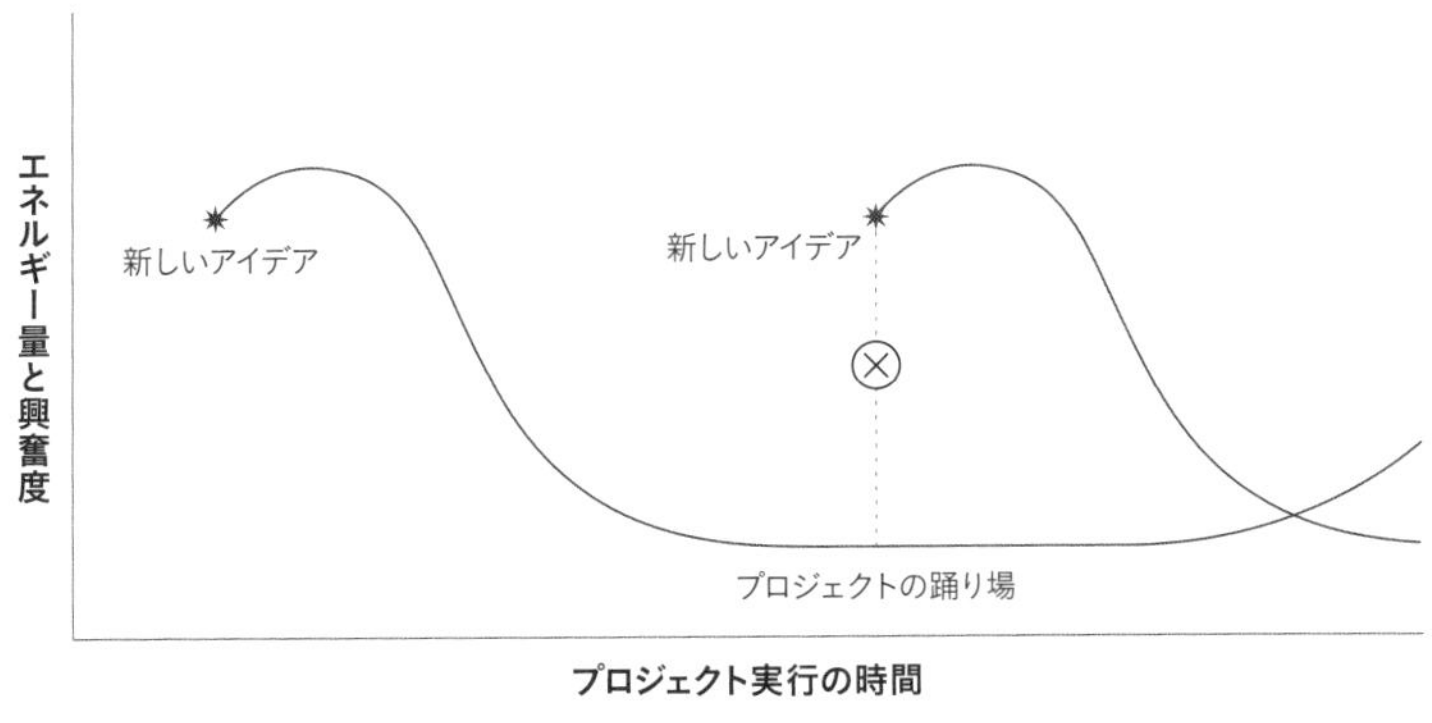

小説家や芸術家の多くは、「まだそのときではない」という理由で、中途半端なプロジェクトをだれにも相談しないままに抱えこんでいます。ですが、いつになったら「そのとき」が来るのでしょう？

時間稼ぎのために、形式的な手続きを言い訳にすることも少なくありません。手続きとは、きちんと確認してから行動に移りたいという自然な気持ちから生まれるものです。行動したくないときに、先延ばしの理由がほしいのです。ただ「ためらっている」だけなのに、「承認を待って」「手続きに従って」「さらに調査する」「合意を形成する」などと言い換えているのです。ですが、次のステップがはっきりしない場合でも、それを確かめるには少しずつ行動するしかありません。行動し続けることがアイデア実現のカギなのです。

確信がなくても行動する

実際には、創造性とは特異な才能というよりも、生産性である。実現可能なアイデアを見つけるには、うまくいかなくてもたくさんのアイデアを実際にためしてみることが必要だ。要するに、数を打つことが大切なのである。

ロバート・サットン
スタンフォード工学大学院、サイエンス・工学管理科教授

「確信がなくても動け」という考え方は、「行動する前に考えよ」という一般常識に反するものです。ですが、クリエイターにとって、確信できるまで待つことのコストはあまりにも大きすぎます。待っているうちに関心が薄れ、新しいアイデアに関心もエネルギーも移ることが少なくありません。そのうえ、あれこれと分析して確信を深めれば、固まった計画の実行に全力を注ぐことになり、必要に応じて計画を変更することがままならなくなります。

ビジネスプランをつくる――計画を固めても、予期せぬ出来事によって結局変更せざるを得ないのに――うえで、これまでのやり方と、深く考えた末でなくてもアイデアを少しづつ実行に移してみるメリットを比べてみるべきです。行動してみれば、ただ考えているよりは早期に、しかもはっきりと、方向性が正しいかどうかを判断する助けになるでしょう。

私は、製品イノベーションとデザイン分野のコンサルティングで世界的に有名なＩＤＥＯを何度か訪問しました。その中で、ヒューレット・パッカードなどを担当しているチームのシニアメンバーであるサム・トラスローとともに半日過ごす機会に恵まれました。ＩＤＥＯの他の社員もそうでしたが、トラスローも、この有名な「アイデア工場」がみんなから誤解されていると思っていました。「クライアントも誤解しているようだけど、私たちがうまくいっているのは斬新なアイデアがあるからじゃない」と言います。「新しいアイデアがほしいってことは、つまり実行できないっていうのと同じことさ」。ＩＤＥＯが提供するのは、アイデア実行のための非常に有効な枠組みです――アイデア自体は、クライアントがすでに思いついていることもあるでしょう。

創造的なプロセスにおいて常に「ものをつくる」というＩＤＥＯの姿勢が、成功に欠かせない要因だとトラスローは考えています。

アイデアを生み出す過程において、有望なアイデアが論議されて平凡なものになったり、議論が進む間に自然と忘れられたりすることは少なくありません。あるアイデアを実行に移すと決めても――調査やたたき台や試作品のようなものが必要だとしても――実行する前にたいていはコンセンサスを得ようとします。そしてコンセンサスを求めることが、物事の進展を阻むのです。

ＩＤＥＯのアイデア実現法は、大手のデザイン開発企業というよりも、レゴで遊ぶ興味津々の4才児により近いと言えるでしょう。チームメンバーが何かの外見や機能を思いつくと、まず試作品を作り、それをいじってみます――設計過程のどこにあるかは関係ありません。すぐに試作品を作るＩＤＥＯの手法は、アイデア実現への最大の障壁を取り除く、賢い戦略の1つです。

ＩＤＥＯのチームメンバーは、プロジェクトの初期の段階でもすばやくアイデアを追いかけます。それができるのは、ブレインストーミング中に浮かんでは消えるアイデアを社員がすぐに実行に移せるような、独自の経営資源のおかげです。まず、デザイナーたちは全員「ザ・ショップ」――数百万ドルをかけた社内工房で、金属、木材、プラスチックなどを使ってすばやく試作品を作る最新の機材を備えています――を利用できます。ザ・ショップを訪れると、たとえばマイクロソフト用のスクロール機能のついた標準型マウスや、3COM用のパームVといった歴史的プロジェクトの開発の軌跡がわかりやすく展示されています。

創造的プロセスにおいて、個人が自分の考えを少しずつ行動に移せる仕組みがあれば、コンセンサスはそれほど必要ない、とトラスローは説明してくれました。すぐに消えてしまうアイデアも、早い段階で実験され、障害が判明し、方向性が示されるような試作品につながります。この「ザ・ショップ」というコンセプト——素早い反復行動を支援する仕組み——は、たとえば巨大なホワイトボードや、実験室やウィキチームを使えば、だれでも真似ることができます。ウェブ開発チームの中には、既存の開発ラインの外で、開発者が新機能を追加したり、ひねりを加えたりできるような「遊び場」的な環境を提供することもあります。クリエイティブチームのリーダーは、早い段階で行動できる環境をつくらなければなりません。単独でも、チームでも、早期に行動する体制——あまり確信がなくても——が、アイデアを形へとつなげるのです。

心おきなくアイデアを捨てる

よりすばやく行動する習慣が身に付けば、見込みがあるかどうかが早い段階である程度わかるようになります。ですが、必要に応じてアイデアをあきらめる意志の力がなければ、せっかくのアイデア実現力も役に立ちません。私がお会いしたチームの多くが、最大の失敗は、新しいアイデア——うまくいかないことがみんなの目に明らかになっても、それをあきらめられないこと——がプロジェクトを脱線させてしまうと言っていました。

データにもとづいてアイデアの欠点や疑問を表面化させる能力は、生産的なクリエイティブチームに欠かせません。この「疑う力」は、アイデアの将来性よりも欠点に目を向けがちな少数のメンバーによってもたらされます。このような懐疑主義者を「ダメ出し屋」と呼ぶ人もいますが、こうした人々の視点はとても大切です。1人で働く人はこの懐疑心を自分で養わなくてはなりません。自分のアイデアに自ら疑問を投げかけてもいいですし、だれかにその役目をしてもらうこともできます。いずれにしろ「疑う」という要素を積極的に組み入れることが必要です。

ウォルト・ディズニーは、その尽きることのない創造性で有名ですが、懐疑論者であったことは知られていません。ウォルトは、自社のクリエイティブチームがアイデアを容赦なく吟味し、必要ならあきらめるように、多大な努力を払っていたといいます。人材開発の専門家であるキース・トリッキーの論文には、ディズニーが映画制作のアイデアを育て、それらを厳しく評価するために、3つの部屋を段階的に使っていたことが書かれています。

▼第1の部屋

この部屋では、どんな制約もなく自由にアイデアを発言することが許されます。本来の意味でのブレインストーミング――なにも気にせず考え、自由にアイデアを出すこと――が行われ、そこに疑いが挟まれることはありません。

▼第2の部屋

第2の部屋には、第1の部屋からの突飛なアイデアが集められ、整理されます。それが出来事を時系列にまとめた筋書きや、キャラクターの人物像などになります。

▼第3の部屋

第3の部屋は別名「冷や汗部屋」とも呼ばれ、クリエイティブチームの全員が、なにものにも縛られずにプロジェクトを批判的に評価する場所です。個々人のアイデアはあらかじめ第2の部屋でまとめられているので、第3の部屋での批判は個人攻撃ではなく、プロジェクトの要素に向けられることになります。

クリエイターやクリエイティブなチームにはみな、この「第3の部屋」が必要です。チームを作り創造的なプロセスを開発するとき、私たちは制約を設けずに創造性を発揮する第1の部屋を重視する傾向にあります。ですが、**アイデアをめった切りにする第3の部屋も、突飛な考えを生み出す第1の部屋と同じくらい重要なのです。**

だれにでもはっきりとわかるように、アイデア創出の段階を物理的な空間で分けることで、ディズニーはこれまでに例を見ない生産的なクリエイティブ企業になり、エンタテイメントの世界に変革をもたらしました。フランク・トーマスとオリー・ジョンソンというディズニーの

2人のチーフアニメーターは、『生命を吹き込む魔法』（スタジオジブリ訳、徳間書店、2002年）の中でこのように述べています。「ウォルト・ディズニーには3つの顔がある。夢追い人、現実家、そして破壊者だ。どのウォルトが会議に現れるか、まったく予想がつかない」。ウォルトは3つの部屋で社員を鍛えただけでなく、自分の本質をそれぞれの部屋に体現したのでしょう。

ここで取り入れるべきは、アイデア創出の際に懐疑者の役割を重んじる手法です。あなた（やあなたのチーム）がこれまでにないアイデアをほめたたえたり、プロジェクトにクリエイティブな彩りを与えようとしているとき、自分の判断に客観性をもたせるために、ひとかけらの懐疑心を加えてみるべきです。実際に3つの部屋を使う必要はありませんが、ものづくりの過程に精査の期間を設けることが必要です。とはいえ、仕組みを設けすぎてもいけません。心おきなくアイデアを捨てることが大切なのです――重要なアイデアに充分な力を注ぐために。

スティーブ・ジョブズは、イノベーションを起こすアップルのシステムについて、珍しく『ビジネスウィーク』誌のインタビューに答え、実はアップルにはシステムがない――自発性はイノベーションに欠かせない要素であり、躊躇せずにノーと言える環境が必要だ――と述べています。

アップルは規律ある会社だし、秀でたプロセスもある。だが、それがすべてではない。プロセスは効率を上げるためのものだ。

イノベーションは、廊下での立ち話や、夜中に交わす電話や、従来の問題解決法に穴があることに気づいたときに生まれる。最高にかっこいい新製品を思いついて、みんなを集めて意見を聞くとき、イノベーションが生まれる。

また、間違った方向に進まないように、そしてあまりにも多くのことに手を出しすぎないように、何度も繰り返しノーということが、イノベーションにつながる。我々は、参入すべき新市場について常に考え続けているが、ノーと言うことでこそ、本当に大切なことに集中できるのだ。

クリエイティブな環境では、たいてい、自発的なアイデアの提起は、ある1つのアイデアを追いかけるための障害になります。賢いリーダーなら、アイデアの提起は野生の生き物みたいなもので、健全な懐疑心を持って興奮を抑えることができるしっかりとしたトレーナーが必要だとわかっています。「イエス」よりも「ノー」と言うことが必要ですし、必要に応じてアイデアを捨てられるチームと文化を育てなければなりません。

会議を行動につなげる

たいていの会議には意味がありません。数多くの会議がある中で、私たちはその結果を評価する必要があります。すばらしいアイデアや問題解決策が会議から生まれることもありますが、これらのアイデアがはっきりとわかりやすい次のステップにつながることは、ほとんどありません。会議で生まれたアイデアはアクション・ステップとして書き留められ、それらが締切を明記されて各個人に任されるのが理想です。

会議は私たちの貴重な時間とエネルギーを消費します。会議中はチームメンバー全員の仕事の流れが止まります。仕事がその時点でまったく進まなくなる――全員が集まることで、みんなの実行努力が一時的に中断されるのです。会議の目的がはっきりしないことも少なくありません。そして議題があったとしても、参加者がそこから逸脱し、新しいものを付け加えるよう促されることも多々あります――これが会議を長引かせることになります。最悪なのは、たいていの社員がコーヒーを飲みながら、会議をいい加減にこなしていることです。

多くのチームは生産性と会議の必要性のバランスをとるのに苦労していますが、もっとも生産性の高いチームは、あまり会議を開かないことがわかります。アクション・メソッド的な視点から見ると、実行可能な結果を伴わない会議はほとんど価値がないと言えます。行動すべきことを生み出さない会議はただの情報交換で、たいていの場合はメールで事足りるものです。ここで、会議のコツをいくつかご紹介したいと思います。

▼月曜だからという理由で会議を開かない

行動につながらない会議を習慣的に開くのはやめましょう。「月曜だから（他の日でも）」というだけの理由でみんなを召集するのは意味がありません。こうした目的のない自動的な会議は、結論もなく近況をしゃべり合うだけの「報告会」になりがちです。定期的な会議を全部廃止できないなら、少なくともあなた自身は（そしてあなたの上司たちも）会議を自由にキャンセルできるようにしましょう。忙しい時期に、行動につながる目的もなく会議を開くのは、実がないだけでなく、さらなる浪費です。

▼会議の終わりに書き留めたアクションを見直す

会議の終わりにほんの少しだけ時間をとって、各メンバーが書き留めたアクション・ステップを全員で見直しましょう。これには1人30秒もかかりませんし、こうすればアクション・ステップが抜けていたり、重複していたりする（すると仕事も重複してしまいます）のがはっきりします。さらに、責任感も生まれます。仲間の前でアクション・ステップを口にすれば、それをやり遂げる可能性も高くなるのです。

▼行動につながらない会議を批判する

会議の終わりにアクション・ステップがなにも出てこないときには、あなたがそれを批判し、その会議の価値に疑問を投げかける責任があります。そうすることが、最後にはあなたへの尊敬につながり、生産性を上げ、チームのエネルギーを維持することになるのです。ただし、くだらない会議を批判するためだけに会議を開くのはやめましょう。

▼立ったままで会議をする

ＭＴＶのデジタル音楽とメディアの元責任者で、現在はマイスペース・ミュージックを率いるコートニー・ホルトは、「立ち会議」というものを行っています。みんなが立ったままでいると——だんだん足が疲れてくるので——、長々しく意味のない会議が減ります。

▼不安から会議を開かない

チームリーダーが安心するためだけに会議を開くことは少なくありません。時には、部下が何をしているか把握できていないために会議を開いて動向を知ろうとすることもあります。または、成功や判断に自信がなく、自己満足のためにイエスマンから賛同の意思表示をしてほしくてたまらないリーダーもいます。チームメンバーを集めてそれぞれの仕事について報告を受ければ、気持ちが落ち着くでしょう。リーダーの不安を和らげることにはお金がかかりません。ですが、リーダーは、会議を開くことのコストを認識し、チーム内の信頼と責任を築く別の手立てを見出すべきです。偉大なリーダーは会議を開く理由をきびしく自問し、チームメンバーの貴重な時間を決して浪費しないものです。

▼会議の長さを習慣的に設定しない

プロジェクトの近況報告や問題解決のために開かれる緊急の会議は10分以内で充分です。それなのに、たいていの会議は30分か60分という単位であらかじめ固定されています。どうしてでしょう？　それが基本設定だからです。会議は開始時刻だけを決めて、できる限り短くするのが理想的です。あるチームは会議の長さを10分とか15分に設定してみたところ、いつもは30分から1時間かかる会議が10分で終わって驚いたそうです。

▼アクション・ステップ（かそれ以外のなにか）にもとづいて常に会議を評価する

具体的な目的がある会議でも、それが行動可能でないこともあります。たとえば、全員の目指すところを一致させる、改革に賛同してもらう、社風への懸念を表明するといった、アクション・ステップのない会議も重要です。しかし、目的もなければ行動可能な結論もない会議は開かれるべきではありません。評価基準としてアクション・ステップを使わない場合には、なにか別のもので評価することが必要です。プロジェクト管理に関する会議なら、その価値はアクション・ステップにもとづいて評価されるべきでしょう。社風の変革に関する会議なら、共通の理解にもとづいて評価されるべきです。意見の一致や賛同を求める会議なら、新たな理解の水準やチームワークを向上させるような会議後のコンセンサスにもとづいて評価されるべきでしょう。

ベハンスは、２００８年の４月に初めて「99％会議」を開催しました。この名前は先ほど触れたトーマス・エジソンの有名な言葉に触発されて名づけられたものです。アイデアを生み出すためのカンファレンスは星の数ほどありますが、私たちが立ち上げたのは「実行」だけに焦点を当てたカンファレンスでした。

ですから、講演者は発想の源について話さ**ない**よう求められ、そのかわりにアイデアを実行するプロセスや苦労について分かち合うことになりました。これは壮大な実験とも言えました。アイデアを形にするという骨の折れる面倒なプロセスについて２日間も話を聞きたい人が本当にいるのでしょうか？

99％会議は満席になり、複数の業種から多様な人々が参加しました。大物講演者の１人は、稀にみる多作家でありマーケティングの天才といわれるセス・ゴーディンでした。彼はブログを頻繁に更新し、マーケティングとリーダーシップに関して数多くの著作を生み出していることで知られています。

ゴーディンは絶え間なくアイデアを実行しています。ベストセラー書はもちろんのこと、製品を開発し、企業を興し、これまでにない６カ月のＭＢＡプログラム★を立ち上げました。多方面での成功によって、ゴーディンには彼を天才だと賞賛する幅広いファン層がいます。ですが、ゴーディンは成功を別の角度から捉えています。彼が、これまでの真の業績について、そしてクリエイターとしてどのように成功者と認められるようになったかについて、99％会議で講演してくれることになりました。

その講演には、1枚のスライドがありました──そこには彼がこれまでに生み出したあらゆる製品、書籍、その他の画像がすべて収められていました。彼はそのスライドに近寄り、聴衆にこう言ったのです。自分が作った製品や組織の大半は失敗した、と。「だけど、私がなんとか成功できたのは、ただ送り出し続けていたからというだけなんだ」

「送る」というのは、なにかを発信すること──たとえば、新製品を発売したり、画廊で新しい作品を発表したり、出版社に原稿を送ったりすること──です。「送る」ことは、アイデア実現の最後の行為で、ほとんどの場合はここまでたどり着きません。

ゴーディンは、「送り出す」ことは、受け身の状況とは違い、行動する姿勢であることを証明しています。「たいていは、お金がなくなったり時間切れになって送り出すことになる……でも最初から必ず送る

★ ゴーディンのMBAプログラムはハーバードよりも競争率が高い。このプログラムでは、10人程度の学生が、ゴーディンの指示のもとに6カ月間自主的な教育を体験する。99パーセント会議は、そのカリキュラムの中のたくさんの授業の1つだ。私は多くのゴーディンの学生に会い、彼らの知的好奇心と実践力の高さに感心した。彼らはみな未来のリーダーであり、私はその体験をうらやんだ。私はハーバードで伝統的なMBA教育を受けたが、ゴーディンのMBAプログラムは他のどのトップMBAプログラムよりも起業家にとってしっかりした基礎であり、強い原動力となるだろう。

と決めていれば、それが都合のいい近道でもあり、事実上の義務になる。そしてその義務に向かって仕事を組み立てるんだ。目的もなくさまよったり――すばらしいアイデアがたくさんあるのに『もし、○○だったら』と言い続けるのではなく、最後に必ず送り出すことが大切だ」

ゴーディンが何度も失敗しているのは、繰り返し送り出しているからにほかなりません。そして、この姿勢のおかげで、彼は偉大な作品――トレンドの先駆けとなる著書や大衆の想像力をうまく捉えた新事業――をいくつも生み出してきました。ですが、**これほど発表し続けるには、クリエイターに共通の大きな心理的な障壁を乗り越える必要があったのです。**

ゴーディンは、発送を妨げている根源は、「トカゲ脳」にあると言います。このトカゲ脳は人間にもあり――扁桃核、つまり脳幹の頂点にある大脳の小さな突起として知られています。「鶏と爬虫類にはすべて、トカゲ脳がある」とゴーディンは言います。「それは、貪欲で、怖がりで、自分勝手で、しかも嘘つきだ。そういう役割なんだ。それだけのために存在する。そして、人間も同じものを持っている」。もちろん、進化の過程で人間の脳は、より広範に、しかも創造的に思考できる複雑なシステムになりました。ですが、自分を危険から遠ざけるために安全を確保するトカゲ脳の原始的な機能はいまも活発に働いているのです。

この生物学の講義の後、ゴーディンはこう説明しました。「毎回もう一息で発送というところまでくると、トカゲ脳がこう話しかける。『笑いものになるぞ』『トラブルに巻き込まれるぞ』ってね。トカゲ脳が頭の上の方で叫ぶんだ。だから、結局やめてしまう。サボる。隠す。次の会議に行く」

トカゲ脳は、恐怖を増幅させ、リスクをとらない言い訳をこしらえて、実行の邪魔をするのです。トカゲ脳がストップをかけると、仕事や個人の生活でやるべきことを突然思い出し、言い訳ができます。言われたことをやってお給料をもらうような単調な仕事のときには、トカゲ脳は静かなままですが、私たちが現状に挑戦しはじめると活発になるのです。

クリエイターに必要なのは「口数の少ないトカゲ脳」だとゴーディンは言います。もちろん、人間の生物的、また心理的傾向を変えるのは非常に難しいことです。トカゲ脳の抵抗に勝つためには、プロジェクトを賢く選び、躊躇せず実行しなければなりません。失敗しても成功しても、常に送り出す姿勢を貫くことで、ゴーディンは自分自身が発する言い訳の数々に打ち克っています。失敗のリスクを受け入れることが実行へのカギだと知っているため、それに動じないのです。その結果、彼はアイデアを繰り返し実現してきました。成功の代償は、それまでに多くの失敗を積み重ねることです。

追いかけ続ける

アイデア実現の大きな要素の1つは、粘り強さです。他者に頼って勢いを保つ場合には、そのプロジェクトは彼らの意思に左右されます。アイデアを前進させ続けるためには、他者を執拗に追いかけ続けることが必要です。

P&Gの精力的なカリスマセールスマンであるジェシー・ロスシュタインは、コーネル大学のラクロス部で花形選手だったころ、情熱とチーム精神を周囲に発散していました。P&Gに入社してからは、出張が多く、東海岸の店から店を回り、P&G製品の購買担当者と会い続けてきました。

ウォルマートやコストコ、ビージェイズ、ホールセール・クラブの管理職やバイヤーの多くは、ロスシュタインを知っていました――みんなが彼のファンでした。彼は、歯磨き粉や口内洗浄液や洗剤のトレンドと利益率について知らないことはないほどでしたが、なにかを知らなかったときにとる行動の方が有名でした。答えを求めて、わかるまでしつこく追いかけ続けるのです。単純なことでしょう？

追いかけ続けるといっても、電話1本で答えがわかるなら簡単です。ですが、複数の人々からの返事が必要な情報の場合はどうでしょう？　一筋縄ではいかない一連の行動の末にしかない答えを追いかけるとしたら？　ロスシュタインの才能は、官僚制度や、複数の時差や、企業の階層をうまく乗り越えて、情報を手に入れ、クライアントに尽くすことです。彼にはMBAも、先端技術も、魔法の力もありません。彼が持っているのは粘り強さと1つのことをやり続ける単純な信念です。それが、執拗に追いかけることなのです。

「人生とは追いかけることがすべてじゃないかと思いはじめてるんだ」。ロスシュタインは、8月のある暑い夜に、ニューヨークのタイ料理屋で私にそう打ち明けました。「ある男と組んで、採用のプロジェクトを率いることになった。彼も私も本職は別にあったけど、会社のためになることだと思って引き受けた。企業人だからね。だけど、この男は、ぜんぜんやる気がなかったんだ。メールを送って1週間たってもなしのつぶてさ。スケジュールの概要を送ってみたけど、何の返事もよこさない。彼がどうでもいいと思っていたのは見え見えだったけど、このプロジェクトはやり遂げなくちゃいけなかった。1週間が過ぎても、なんの返事もない。で、最初に送ったメールをもう一度送ってみた。それから2日後にもう一度同じメールを送ってみた。3日後にそのメールを印刷して、その上にこう走り書きして、フェデックスで送りつけた。『忘れてないかと思って。ジェシーより』。するとやっと彼から返事があった。結局彼も一生懸命やってくれたんだよ」

追いかけ続ける努力のおかげで、クライアントからも社員からもロスシュタインは際立った存在として見られるようになりました。この単純な信条が、売上や人間関係やその他のアイデアを追求する能力の要だと彼は言います。ロスシュタインは、社外でもこの信条を実践しています。彼は、試合中に亡くなったラクロスの元チームメイトを偲んで、21ディナーという非営利組織を立ち上げ、年に一度資金集めの夕食会を開いています。スポンサーを確保し、スポーツ界の有名人を招いて、初年度に5万ドルの寄付を集めました。この活動はいま4年目を迎えています。

ロスシュタインはその後、P&Gでの有望なキャリアを捨てて、「コーチ・フォー・アメリカ」

という非営利組織を立ち上げました。堅い信念を貫いて大胆なアイデアを実現するそのすばらしい能力が、こうした組織の創立を可能にしたのです。

複数のプロジェクトを同時に前進させる――そして成功させる――ためには、なにか特別なものが必要です。ロスシュタインのような人物を見れば、ほとんど不可能と思えることも単純な信条と実践的な手法――たとえば追いかけること――によって、天才でなくても可能にできるのではないかと思わせてくれます。

P&Gで製品を売ることも、21ディナーを運営することも、非営利組織を立ち上げることも、それ自体は非凡なことではありません。ロスシュタインの非凡さは、それぞれのプロジェクトに必要な行動を見出し、それを休みなくやり続けることです。すべての行動が完了するまで、常に追いかけ続けるのです。

ロスシュタイン流のプロジェクトやアイデア整理術と、そのアクション・ステップをさらに調べると、粘り強さを実践する具体的な手法が見えてきました。ロスシュタインのやり方は、彼自身の仕事の流れや出張の多い生活に合わせたものですが、アクション・メソッドのカギになる要素が多く取り入れられていました。アイデアやそれに伴うアクションを毎朝書き留め、それらをこなしていく彼のやり方には、ほとんど取りこぼしがありませんでした。

アイデアを追いかけ、成功している人々の中には、ロスシュタインのような例が多く存在します。私たちは、同じような手法や信条がこうした事例の中心にあるのを繰り返し目にしてきました。それぞれのシステムは個人に合わせて作られていますが、創造性豊かな人々が生産性を上げる仕組みには一貫性があるのです。

自ら制約を課す

私は、チームメンバーに、プロジェクトの中で実行が特に難しいのはなにかと訊ねることがあります。すると、みんなが最初に言うことはほとんど同じです。「クライアントがなにをしたいかわからない」「予算がはっきり提示されず、ただ大きなことを考えろと言われた」「指示が大まかで、締切がきちんと設定されていない」。こうした悪夢のようなプロジェクトには共通点があります。チームメンバーが自由を与えられすぎているのです。

なにかを見過ごしているために自由だと勘違いする場合もあります。クライアントが方向性を決めかねていたり、上層部からの情報を待っているのかもしれません。そんなときには、指示が大まかだったとしても、クライアントが後になって思いがけない制約を押しつけてくる場合もあります。予期せぬ出来事は不満を生み、仕事が二度手間になることもあるでしょう。ですが、決まりごとのないプロジェクトが失敗するのは、このためではありません。

制約は――締切であれ、予算であれ、特殊なクリエイティブの信念であれ――私たちのエネルギーを管理しアイデアを実現する助けになるのです。人間のクリエイティブな側面は、おのずと自由や制約のなさ――なんの決まりもないプロジェクト――を求めますが、**生産性には制約が絶対に必要です。**

2008年の夏、私は、MTVとヒューレット・パッカードが制作するリアリティ番組「エンジンルーム」のセットに招かれました。この番組には、ヨーロッパ、アジア、南米、そしてアメリカから4組のクリエイティブチームが集められました。そして7つの課題を渡され、競い合います。課題が発表されると、チームは1日から6日をかけて、発想し、計画し、アイデアを実行するのです。

私はそのセットで、非常に限られた時間の中で奇跡のような共同作業が行われるのを見ました。ブレインストーミングには無駄がなく、アイデアは即座に試され、必要なら容赦なく切り捨てられていきます。意見がすばやく交換され、実行への集中力を極限まで高めるために休憩時間もきちんと取られていました。時間の制約があるため、実行につながらない会議もありません。そして短い時間内に、見事な作品が生み出されていました。

クリエイティブなプロセスの中では問題点をかみくだいて理解することも役立ちます。99%会議の創立パーティーで、伝説のデザイナーでペンタグラムのパートナーでもあるマイケル・ビエルートが、タイムズスクエアにある『ニューヨーク・タイムズ』紙の本社看板をデザインしたときの経験を話してくれました。タイムズスクエアの建造物は、その界隈の雰囲気に合わせるための特別な規則に従わなければなりません。具体的には、高さが15フィートと決められていましたが、その建物の中で働いている人の視界を遮らないようにすることが必要でした。ビエルートはこの決められたデザイン上の難問を、厄介なものではなく、有益なものと考えようとしたのです。「問題の中に解決策が含まれている」とビエルートは言います。彼の革新的な解決法はプロジェクトの制約を敬遠するのではなく、利用することでした——そして結果はより満足いくものになったのです。

ペンタグラムのウェブサイトでは、このように説明しています。「答えは、看板を小さな断片、正確には959の断片に分割することでした。タイムズのロゴのすべての文字は縦割りにされ——つまり、1文字あたり26（タイムズのI）から161（ヨークのY）までのたて長の細い線に切り分けられたのです」。これらの断片が建物の外側を取り巻くセラミックの台の上に計算されて積み上げられ、遠くから見るとそれが文字に見えるようになっています。批評家の評判もおおむね良く、このプロジェクトはビエルートの自慢の作品の1つになりました。

制約は実行を促す役割を果たします。制約が与えられないなら、自分からそれを求めるべきです。まず、希少な資源——時間、資金、エネルギー（人材）——からはじめるといいでしょう。また解決すべき問題をさらにかみくだくことによって、ある種の役に立つ制約を見つけることができるでしょう。それらを見つけたら、より理解を深めるよう努力しましょう。

創造性にあふれるクリエイターは、**可能性の領域がはっきりと定義され、ある程度制約がある方が、より集中し行動しやすくなります。**もちろん、可能性を絞りすぎると——たとえば、時間や予算が少なすぎる場合――結果への期待も下がります。目標とするのは、嫌気がさしたり、意味もなく制限されたりせずにプロジェクトの基準を満たせるような適正なバランスです。

創造性を自由に羽ばたかせたいと思うのは自然なことですが、制約を認めそれをうまく利用することも必要です。そして制約がないときにそれを自らに課すのも、あなたの責任なのです。

変化を受け入れ、同時に抑制する

共同作業中に持ち上がる最大の難題は、変化です。当然ですが、アイデアやプロジェクトは、開発の過程に得られるフィードバックや気づきとともに進化しなくてはなりません。変化を受け入れることは必要ですが、そうした変化が正しい理由で適切なタイミングにもたらされるようにしなければなりません。

特定のプロジェクトに入れ込んで、膨大な時間とエネルギーを注ぎ込んだ後に、あまり方向性を変えたくないと思うのはあたりまえのことです。プロジェクトの踊り場を乗り切るのに必要な勢いや、やる気も、自分の頭を固くしてしまいがちです。また、自信を持てば持つほど、変化に抵抗するようになります――たとえ変化が必要なときでさえ。

プロジェクトに入れ込んでいるときに、変化に対応する余地を残しておくために、なんらかの「枠組み」を課すこともできます。変更のアイデアをいつでも受け入れるのではなく、開発過程の中に「チャレンジ会議」といった定期的な会合を設けるのです。チャレンジ会議では、だれでも発言でき、「現行の計画でおかしなところはどこ?」「足りないものは?」「どこを変えるべきだろう?」といった質問に答えることができます。これはかつてディズニーの第3の部屋で行われていたことです。

しかし、変化がよいこととは限りません。とりわけ、それが不安からくるものの場合はそうです。セス・ゴーディンが言う「トカゲ脳」については先述しましたが、**プロジェクトが終わりに近づき「送り出す」段階がくると、それを延期する理由を考えはじめるものです。**最後の最後で変更を加えようとするのもよくあることです。ゴーディンはこれを「悪あがき」だと言います——みんなが批判者になり、計画や商品やサービスのあらさがしをはじめるからです。開発の初期段階では、欠陥を発見し、アイデアをさらに向上させるための、あらさがしは役立ちます。ですが、プロジェクトの最後の最後にあらさがしをするのは、引き延ばしと予算オーバーの言い訳にしかなりません。ゴーディンはこうした最終段階での変更を避けるために、最初のうちに徹底的に議論するよう勧めています。

ですが、全員が仕上げに集中しているプロジェクトの最後の最後に、見逃せない欠陥が見つかって大幅な変更が必要になったら? 実を言えば、アイデアの欠陥はたいてい完成の直前に見つかるものです。小さなスタートアップ企業が大企業に勝る最大の要因は、柔軟性と最後の最後で大幅な方向転換ができる能力だと言われるのは、そのためです。

プロジェクトの最終段階での変更を制限することも大事ですが、必要に応じて変更できることも必要です。あらさがしはできるだけ初期の段階に済ませるのに越したことはありませんが、もっとも予期せぬときに間違いに気づくこともあるのです。

最終段階での変更に伴うコストとメリットは、微妙な課題です。ただの懸念と実際の欠陥をどう見分けたらいいのでしょう？　時間通りに（たとえ多少の欠陥があったとしても）初期バージョンを発売することのメリットと、後でより機能性の高い製品を発売するコストをどう比較できるでしょう？

最終段階で得られる高度の集中力と洞察を利用することのメリットは大きい半面、市場で反応を確かめ、プロジェクト発表直前に持ち上がりがちな疑念をしまい込むことも大切です。中には発表直前に一段と集中力が高まることを利用して、それを次世代製品の土台作りにしているチームもあります。

その場合、この段階で提起された変更は――1日でできるような小さな変更を除いて――すべて、次のバージョンに組み入れられることが、あらかじめ全員に知らされます。こうすることで、次の改良バージョンに向けて一歩先を行くと同時に、発売日を延期せずに、手の届く範囲で今のプロジェクトに調整を加える――簡単な変更で大きな違いを生む――ことができます。

進歩は進歩をよぶ

プロジェクトが大きな目標をクリアするごとに、その達成を祝い、喜びましょう。人間はだれしも、前進することでやる気になります。進歩が具体的な形として見えれば、さらに行動したくなるはずです。

進歩をやる気に利用するためには、それを目に見える形で測ることが必要です。すでに公開されている既存のプロジェクトであれば、受け手からのフィードバックや意見を聞くことができます。公開していないプロジェクトの場合、完成したアクション・ステップのリストや、書き込みのある古い原稿が進歩を記す証拠です。

こうした資料を捨てようと思っても不思議はありません。なにしろ、もうその仕事は終わっているのですから。ですが、ずば抜けて多作なクリエイターの中には、これらの資料を進歩の証拠として取っておく人もいます。完成した作業の数々に囲まれていたいのです。

アイデアは簡単にひらめきますが、行動がひらめくことはめったにありません。とりわけ、数百ものアクション・ステップと目標を伴う大規模で面倒なプロジェクトに関わっていると、進歩に囲まれていることが気持ちを高揚させます。これほど多くの仕事を成し遂げたという証拠を捨てる理由がどこにあるでしょう？　ベハンスでもそうですが、「達成の壁」を作って、そこにやり終えたアクション・ステップを貼りつけるチームもあります。私たちは終わった作業の記録――チェックマークのついたアクションリストが書かれたノートの1ページや、付け加えた機能を説明したインデックスカードなど――を集めて、壁にこれらの記録を飾ります。私たちにとって「達成の壁」は、自分たちがこれまでに成し遂げた進歩を思い出す、ある種の芸術作品です。やることの多さに戸惑うとき、この壁を眺めて自分たちが成し遂げた進歩を思い起こすのです。

ものづくりの道のりで自信を持つためには、進歩が少しずつ目に見えなければなりません。たとえば、列に並んで待つときがそうです。コンサート会場に入る人たちの長い列に並んでいると、ほんの数センチずつですが全員が前に進んでいくのがわかります。ですが、列は進んでいるのに自分のすぐ前の人だけが止まると、いらいらするでしょう。その人がすぐに列に追いつくとわかっていても、間が空くといらいらします。じっと立ったままで前進を感じられないといやなのです。生産的だと感じるには、列と一緒に動き続けていたいものです。列と一緒に少しずつ動いても(後で追いつくのに比べて)目的地に早く着くわけではありませんが、その方が気分がいいですし、時間がかかってもいいと思えます。エレベーターで「閉」ボタンを押すのも、同じ心理です。ボタンを押してもあまり変わりはなくても(開閉ボタンが働かないようにしているところも少なくありません)、進んでいることを感じるだけでいいのです。

前進を感じることは実行の重要な要素です。今あるアイデアを実行するよりも新しいアイデ

● ベハンスのオフィスにある「達成の壁」。やる気を促す進歩の証拠

アを考えることに関心が向きがちなら、進歩の印を身の周りに置くことで、集中力が高まるかもしれません。少しずつ前進し、それを祝い、形に残しましょう。そして身の周りに置きましょう。

視覚に訴えてやる気を促す

デザインが生産性に欠かせない要素であることは、だれもが知っています。デザインは、混沌とした創造の過程で、秩序を維持する助けになります。それは集中力を維持する（そしてコントロールする）大切なツールです。また、自分自身に向けて、とるべき行動を促す役割も果たします。

２００９年2月のある凍えそうな日に、私はロードアイランド・スクール・オブ・デザイン（ＲＩＳＤ）の学長になったばかりのジョン・マエダを訪れました。全米有数のデザイン大学のリーダーがどんな方法で手腕を発揮しているのかを知るためです。２００８年の9月に学長になったばかりのマエダは、その珍しい経歴と大胆な経営戦略で、学問の世界で新たな潮流を起こしつつありました。

彼は手始めに、大学の管理部と学生の間の徹底的な透明性――第2章の「仲間力」で議論する話題です――を実現しました。大学総務は、ブログを立ち上げ、その中には学長が定期的に参加してＲＩＳＤコミュニティについて話し合い、学生やスタッフだれでも書き込めるフォーラムもありました。次に、彼はＲＩＳＤのキャンパス内に「デジタル掲示板」のネットワークを戦略的に配置したのです。デジタル掲示板は52インチのサムソンの液晶画面で、だれでもここにイベントや芸術作品、写真、メッセージといった情報を投稿し、コミュニティと共有することができます。

私はマエダ学長と会うのをとても楽しみにしていました。彼がＲＩＳＤに与えた影響もさることながら、その珍しい経歴がアイデア実現にどう役立ったかを聞きたかったのです。

マエダはデジタル芸術家であり、コンピュータサイエンスの学士号と修士号を持つコンピュータ科学者であると同時に、デザイン科学の博士号とＭＢＡを併せ持つ教育者でもあります。RISDに入る前にはMITで12年間メディア芸術と科学を教え、MITメディアラボの上席研究員でもありました。さまざまな意味で、マエダは21世紀型のクリエイティブ思考家兼リーダーです。

その学長室は彼の頭の中を視覚化したものと言えるでしょう。部屋の壁は、ポストイットや走り書きや計画や大学の最近のイベントのプログラムで覆われています。みなさんが目にする、ふつうの大学の学長室とはまったく違います。マエダもこれを自覚しています。

「僕の部屋に入ったら驚くと思うけど、でもこれが僕のやり方なんだ……飾り方が学長にふさわしいとは思わないけど、でもただの飾りじゃない。思考を外に出すというか……頭の中にあるものを目に見えるようにしたいんだ」

人生の物事をきちんと整理するには、それを正しく理解する必要がある、というのがマエダ学長の信念です。そして物事――それがなんであっても――を正しく理解するには、対象を目に見える形にする必要があると言います。

会話が進むうち、生まれつき整理能力のあるクリエイターはいないと彼が思っていることがわかってきました。ですから、視覚的な刺激や、壁に計画や目標を貼りつけるといった方法によって整理能力を強化することが必要なのです。

話している間中、マエダは私の質問やコメントを小さな長方形のポストイットに書き留めて、机の上にきれいに並べていました。彼はおしゃべりしながら、自分の考えを整理するために、会話を視覚的な資料に落とし込もうとしていたのです——それが、人生のすべてのプロジェクトを視覚化する彼のやり方でした。「その働きを理解して初めて、きちんと整理できるんだ」と彼は言います。

先に述べた伝説のデザインコンサルティング会社、ＩＤＥＯのチームもまた、視覚化を創造プロセスの主要原則の1つとしています。ＩＤＥＯの建物に入ると、その中心に机とパソコンが——個人のワークステーションが——自由に並べられていることに驚きます。社員の自転車は梁に吊るされ、倉庫ビルの内側をガラスで仕切られた「プロジェクト部屋」がぐるりと囲んでいます。プロジェクト部屋は、そのプロジェクトのために集められたデザイナーたち専用の仕事場です。

訪問者のほとんどはその創造性あふれる空間に驚きますが、私はそれぞれのプロジェクト部屋の壁いっぱいにやるべきことリストや走り書きが貼り付けられていることに興味をそそられました。その中のチームメンバーの1人、ジョスリン・ワイアットが私の興味に気づき、説明してくれました。「やるべきことに囲まれていると、うまくいくの」

ワイアットはこのプロジェクト部屋の特徴について、さらに詳しく教えてくれました。やるべきことを書いたポストイットに担当者がイニシャルを書き込むそうです。現場で観察したことや開発中に心に留めておきたいニュアンスが、壁に吊るされたり大きなポスター版に貼られて部屋のあちこちに置かれています。これらの部屋を通り抜けるうち、私はやるべきこと

● ロードアイランド・スクール・オブ・デザインのジョン・マエダ学長室
(Photo: Colin Williams)

リストが3次元で体現された場所にいるような気がしてきました。責任と優先順位に関して（見落としや、やり残しをなくすということに関しても）、この環境に勝るものはありません。もちろん、社外に出ると、この感覚はなくなります。ですが、空間をうまく使ったＩＤＥＯのプロジェクト管理と行動の手法から学べることは多いと感じます。

私たちは、選択の世界に生きています。いつなんどきでも、なにに集中するか、どう時間を使うかを決めなければなりません。優先順位をつけて絞り込むことはできますが、人の心はそれでも1つに決まらないものです。これが生産性を下げるのです。マエダ学長、ＩＤＥＯのチーム、そしてその他多くの人々は視覚的なデザインを利用して情報を整理し理解します——そして行動を促します。「視界から消えると、忘れ去られる」ということわざとは逆に、目の前にあれば実行できるのです。

集中し続けるためには、自分に向けてそれを宣伝しなくてはなりません。高速道路の看板やテレビのコマーシャルと同じテクニックで注意をひきつけることで、プロジェクトにより集中しやすくなるのです。美しく描かれた図表や、上品なスケッチブックでプロジェクトを記録すれば、それに取り組みたくなるものです。職場の空間を利用して、もっとも必要なところに注意が向けられるようにしましょう。マーケターが消費者をどうしても買いたいという気にさせるように、やりかけの仕事をやり遂げなければいけない気持ちに自分をさせることが必要なのです。

精神力を高める
——集中を持続する

人生をプロジェクトとして整理し、行動重視の生活を送り、常にボールを前に進めていくことが、アイデア実現には欠かせません。

ですが、スケジュールを守り、アイデアへ忠誠を保ち続けることは簡単ではありません。実行作業は決して気持ちのよいものでもなければ、お手軽なものでもないからです。困難を受け入れ、前進を妨げる誘惑にさらされることをあらかじめ知っておく必要があります。

自分の衝動に気づき、それを抑制することではじめて、創造的なプロジェクトに取り組み続けることができます。アイデアが実現するまでの道のりでは、不安から生じることにはできるだけエネルギーを使わないことが必要です。外部のプレッシャーに耐えて、前進し続けることを学ばなければなりません。

行動を習慣化する

行動を促す手法は多くありますが、実行力とは、つまるところやり続けられるかどうかにかかっています。

サウスウエスト航空、ウォルマート、クリスピー・クリームなどのブランドや、名高い「テキサスを敵に回すな」キャンペーンを縁の下で支える影響力抜群の広告代理店、ＧＳＤ＆Ｍ。同社の会長ロイ・スペンスは、自分たちのクライアントを虎視眈々と狙っている強力なライバルたちにどう対抗するかについて、『ファスト・カンパニー』誌にこう答えています。「とにかくあいつらより多く働くことだ。ライバルより真剣に仕事をし、より深く考え、より情熱を傾ける。それがものすごいスリルだ」

やり続けることは、とりわけクリエイティブの世界では一番の差別化です。勤勉さはそれだけでアイデアを前進させ、大きな違いをもたらします。残念ながら、それに派手さはありません。夜更かしの連続、原稿の書き直し、無数の会議などで大半の時間が過ぎていきます――すべてはプロジェクトに命を吹き込むためです。仕事への情熱もまた、重要な役割を果たします。情熱は忍耐につながります――アイデア実現に立ちはだかる不満や困難を乗り越える力です。

集中力――そして持続力――を長い期間にわたって保ち続けるためには、習慣的な作業スケジュールを組み立てる必要があるでしょう。アイデアを実行するための時間を確保することは、あらゆる業種の尊敬されるクリエイターが行っている習慣です。アクション・ステップを次々とこなしながら、同時に深く考えるための時間をとるにはこれしかありません。

ここで、現代のもっとも多作な作家たちの仕事習慣をのぞいてみましょう。著作活動は、自制心と持続性が求められる、きわめて労働集約的な作業です。頭の中――または指先に――に宿るありとあらゆるアイデアを一言ひとこと、言葉に書き留めなければならないのですから。

ニューヨーク在住の作家兼編集者、メイソン・カリーは、作家たちの日課がどのように集中力と実行力を助けているかをもっと知りたいと思い、2007年7月にあるプロジェクトを立ち上げました。このプロジェクトは「デイリー・ルーティーン（日課）」というブログになり、今年度中に書籍化される予定です。

カリーは際立って多作な作家――と政治家、科学者、芸術家――が、これまで自分に課してきた日課を記録しました。1年半の間、カリーのウェブサイトには、友人や仕事仲間といった数十人の読者しかいませんでした。ですが、2008年の12月にウェブマガジン『スレート』誌がこのブログにリンクを張ると、1日に何万というヒットを記録するようになったのです。

持続が成功につながったカリー自身の話はさておき、「デイリー・ルーティーン」に載せられたインタビューの引用や取材記事から、日課を設けてそれを貫くことがアイデアの実現を助けることが読み取れます。『マネー・ボール』（中山宥訳、ランダムハウス講談社、2006年）や『ライアーズ・ポーカー』（東江一紀訳、パンローリング、2005年）で知られるベストセラー作家、マイケル・ルイスがロバート・ボイントンの取材に応えた、「ニュー・ニュー・ジャーナリズム――全米最高のノンフィクション作家が創作を語る」という記事を発見したのも、このブログでした。

――書きはじめは？

適当です。とりあえず書きはじめますが、それが物語のはじまりなのか、中間なのか、終わりなのかはわかりません――アイデアをなんでもかんでもはき出します。それが溜まってからどう整理するかを考えます。

――著作にあてる時間帯を決めていますか？

深夜か早朝です。日中はあまり筆が進みません。日中には朝書いたものを手直しする程度です。

――理想的な創作活動の1日とは、どのようなものですか？

1人きりで家族が周りにいないときには、夜の7時から書きはじめて朝4時に書き終わります。「今夜片づけるぞ」って自分に言いきかせるのです。深夜はとても静かです。電話も邪魔も入りません。だれも自分に連絡してこないと思うと安心できます。

――著作の場所は選びますか？

いいえ。考えうる限りあらゆる場所で書いてきました。オフィス、といってもバークレーの自宅から100ヤードほど離れた古い小屋ですが、そこで書くのは好きです。台所と小さな寝室と、トイレと居間があって、居間を書斎として使っています。ですが、これまでありとあらゆるところで書いてきましたから、文章の良し悪しは書く場所に関係ないと思います。**女神が自分に舞い降りるわけではありません。自分から女神を訪れるのです。**「完璧な瞬間」を待っていたら、なにも生まれません。

マイケル・ルイスとは対照的に、ベストセラー小説家のジョン・グリシャムには、はっきりと決められた日課があります──弁護士の仕事をしながら著作活動を行っていたときは、その日課はもっと厳しかったといいます。

グリシャムは、『サンフランシスコ・クロニクル』誌のインタビューで、著作をはじめたときには「とてもささいだが重要で、続けるのが難しい日課」があったと言います。「5時に目覚まし時計が鳴ると、飛び起きてシャワーを浴びる。事務所までは5分しかかからなかった。1杯目のコーヒーを手に持って自分の机につき、5時半には絶対に最初の一言を書きはじめる。週に5日そうしていた」

グリシャムの目標は、1日1ページ書くことでした。10分で終わることもあれば、1時間かかることもありました。2時間も書いた後に、やっと本業にとりかかることもあり、それはかなり苦痛だったと言います。ミシシッピ州議会の仕事は、「いやというほど無駄な時間」があり、それがさらに書く機会につながりました。

こうした有名作家の日課を見てみると、創造性の追求に「仕組み」が重要な役割を果たしていることがわかります。スケジュールは人によって違いますが、スケジュールを守る目的はみな同じです。創造性のおもむくまま、きまぐれに流されて生きるだけではだめなのです。エネルギーを整理し、なんらかの日課を守り続けることから持続力は生まれます。

仕事の空間を見直す

仕事場をどんな空間にするかは、とりわけクリエイティブなプロジェクトに取り組むときには、非常に個人的な選択です。周囲の環境は集中力だけでなく、おそらく創造性にも影響します。ですが、生産性——あるいは創造性——が上がる空間といっても、特に決まった特徴があるわけではありません。みんなで共有できる開放的なロフト形式の空間を好むチームもあります。よりプライバシーの守られる、昔ながらの、ひとりひとり間仕切りのある空間や個室を作る企業もあります。理想的な仕事場について、これと決まった形はありませんが、役に立ちそうな原則はいくつかあります。

空間の種類によって、促される行動に違いが見られます。たとえば、ミネソタ大学でマーケティングを教えるジョアン・メイヤーズ-レビーが行った最近の研究では、天井の高さが人間の情報処理の方法に影響を与えることがわかりました。この研究で、レビーは、100人の参加者を2つの部屋——片方は天井高が8フィート、もう一方は10フィートの部屋——に振り分けました。全員が、与えられた項目を自分の好きなように分類する、同じ作業を行うよう求められました。天井の高い部屋にいた参加者は、より抽象的な分類カテゴリーを定めたのに対し、天井の低い部屋の参加者はより具体的なカテゴリーを設定していました。「天井が低いと、人はより細かいところに目が行く」。『サイエンティフィック・アメリカン・マインド』誌にレビューはそう説明しています。

狭くて閉ざされた空間では集中力が高まり、天井の高い開放的な空間では大まかな思考が促されます。レビーによると、「作業の内容によりけりですが……たとえば手術室の天井は低い方がいいでしょう。外科医には細かいところをきっちりと処理する必要がありますから」。

ですが、レビーは、実際の空間の形状はあまり関係ないとも言います。「空間の認識を操ることで、同じような効果を得られるから」だそうです。しかし、この調査からは、研究を行ったりアクション・ステップに集中するなら、狭くて閉ざされた環境の方が没頭しやすいことがわかります。ですが、ブレインストーミングやクリエイティブプロジェクトの初期には、より開放的な空間で働くべきです。

その他の要因——明るさ、騒音、インテリアなど——も仕事のやり方に影響を与えますが、個人によって異なります。さまざまな環境で自分の生産性がどう違うかをじっくり観察すれば、目の前のプロジェクトや作業に従って仕事場の模様替えができるようになるでしょう。

仕事空間の中に自分だけの邪魔されない場所を確保しましょう。開放的な仕事環境でよくありがちな、気まぐれな会議を極力減らすために、同僚の机の周りに見えない仕切りがあるように振る舞いましょう。やりとりがいつも交わされる開放的な環境は魅力的ですが、創造性の流れを隔離することも時には必要です。ベハンスのチーフデザイナーである、マティアス・コレアはオープンオフィスの考え方に賛成ですが、なにかに集中すべきときにはヘッドフォンをつけて邪魔されたくないことを周りに知らせています。

仕事場は創造的な思考と実行の空間です。ですから理想的な環境（と同時に制約）も常に変わり続けます。さまざまな環境で自分の傾向がどう変わるかを知り、プロジェクトが前進する過程で、この知識を使ってエネルギーをよりよく管理していきましょう。

「不安が生む作業」を減らす

自分のアイデアをいよいよ発表した後は、みんなの反応が気になって仕方がなくなるものです。進展を頻繁にチェックし、作品の現状をすべて確認したくなるのです。これはあたりまえのことで、その根底にあるのは根拠のない不安——見落としがあるのではないか、または失敗するのではないかという恐れ——です。みなそれぞれ違う不安を抱えていますが、それに対処するやり方は同じです。不安を払拭するために情報を得ようとするのです。ウェブサイトのトラフィックを何時間もかけてチェックしたり、銀行の残高やありとあらゆる取引を調べ直したり、自分のビジネスへのツイッター検索を見直したり、考えうるすべての細かいデータを毎日メールで報告させたり——あげればきりがありません。データを得ることで気持ちが落ち着くのです。

私はこうした毎日（時には毎時間）のチェックを「不安が生む作業」と呼んでいます。ボールを前進させることもないのに、膨大な時間を浪費していることに気づかず、なんの結果も生まないちょっとした作業を日に何度も繰り返しているのです。

こうした行動が重要な場合も稀にありますが、それほど頻繁に繰り返す理由はどこにもありません。

「不安が生む作業」は、多くのクリエイターが陥る罠です。認められたいという普遍の欲求は、生産性の障害になるのです。プロジェクトを前進させる替わりに不安をなだめるだけの仕事をしているのですから。最新のテクノロジーや常時接続によって、状況はますます悪化してきました。自分を安心させる情報が指先1つで手に入るために、いつなんどきでもそれをチェックしたいと思ってしまうのです。なぜでしょう？　それは、人間というものは、常になにかを見落としていないかと不安に思うからです。

「不安が生む作業」への依存を断ち切るためには、自己認識、セルフコントロール、そして作業の委譲という3つの技が必要です。

まずはじめに、**日々の生活でとっている行動が、実は「不安が生む作業」だと認識しなければなりません。**同じキーワードを何度も検索していたり、メールの受信箱を繰り返しチェックしていたりするなら、今取り組むべきプロジェクトから注意が逸れて別のことに目が向いていることを意識しましょう。「不安が生む作業」をそれと認識することが大切です。

次に、自分に対する何らかの規則や習慣を設けましょう。毎日の終わりに（あるいは週の終わりに）30分間だけ、気になることに目を通す時間を作ることもできます。普段は使わないブラウザの中にこれらをブックマークして、その時間だけ開いてもいいでしょう。「不安が生む作業」を減らすことは、依存性の高いものを避けることと同じです。見落としているデータ（と心の平穏）がほしくてたまらないかもしれません。だからこそ、そこから自分をゆっくりと引き離すことが必要なのです。

最後に、客観的にデータを評価できるような気持ちに余裕のある仲間がいるなら、データのチェックを任せましょう。必要に応じてデータを定期的に見直し、異常があれば報告するようだれかに頼むのです。

「不安が生む作業」を減らす目的は、心とエネルギーと時間を開放し、それらをアイデアを生み出し実行するために使うことです。「不安が生む作業」は、あなたを重圧で押しつぶし、周りの評判を知りたいという焦りから逃れられなくします。未来を見つめるには、すでに起きたことをいつも心配していてはいけません。

● ベハンスのチームが会議やブレインストーミングで使うアクション・メソッドの表

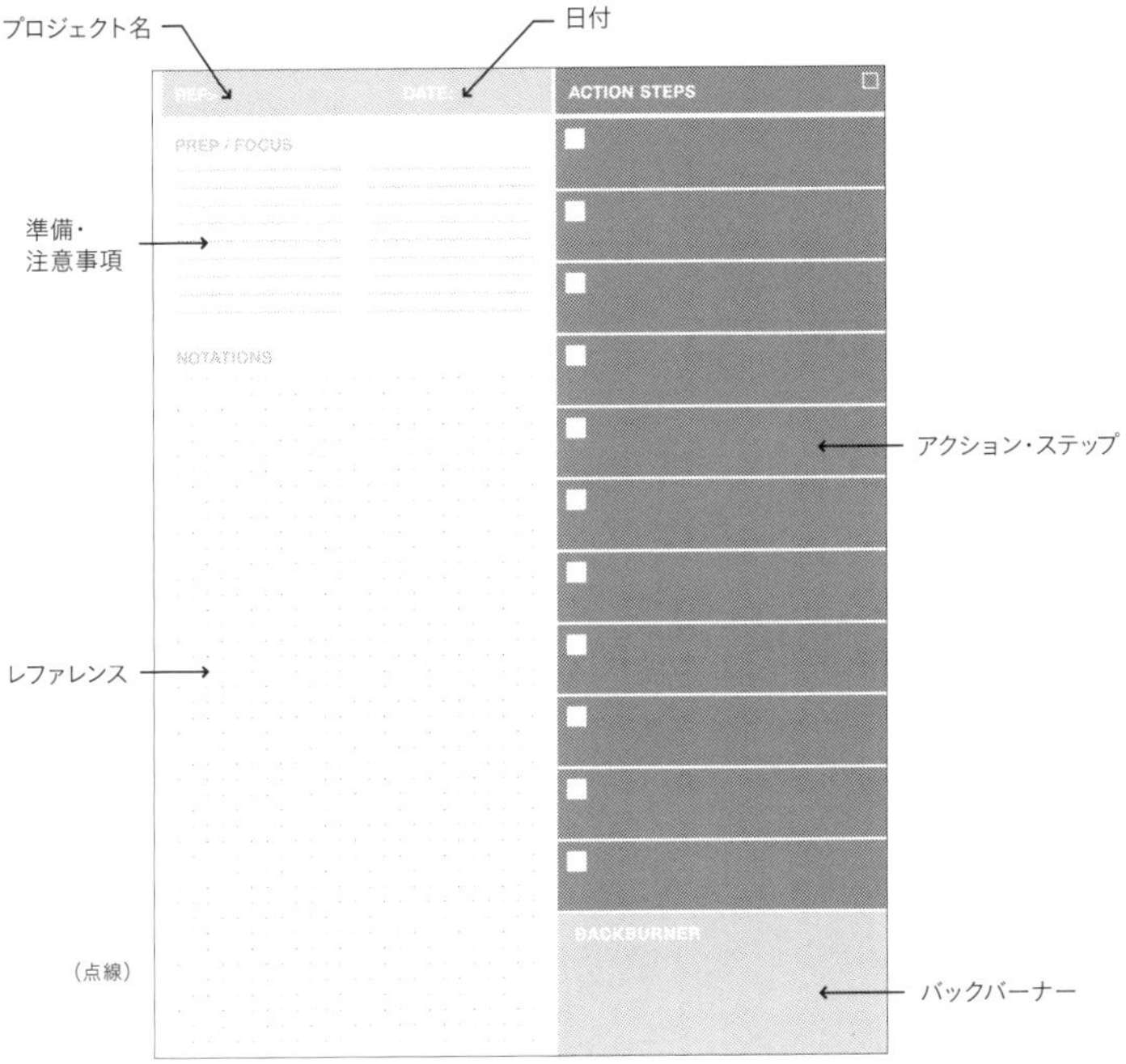

アクション・メソッドのデザイン

みなさんが使用しているノートやメモの種類にかかわらず、アクション・ステップとバックバーナーを書き留める専用のスペースを設けましょう。このスペースは、普段のノートや走り書きとは別にとっておくべきです。CreativesOutfitter.com でアクションパッドを無料でダウンロードできます。

アクション・メソッドのオンライン利用

アクション・メソッドの考え方は、大半のオンラインのタスクマネジャーを利用して、実践することができます。2008 年にベハンスは、ウェブと携帯経由でアクション・ステップを管理し、他者と協力できる、独自製品のアクション・メソッド・オンランを立ち上げました。ActionMethod.com では、このオンライン製品を無料で利用できます。

行動を支援するリソース

ベハンスが毎年開催する 99％会議やクリエイターへのインタービューなどはオンラインでまとめられ、The99Percent.com で視聴できます。本サイトは、クリエイターやクリエイティブチームのコミュニティとして、ベストプラクティスを交換したり、生産性を上げるために利用されています。読者のみなさんもぜひご参加ください。

第2章 仲間力

整理力はアイデアを形にするための3要素の1つにすぎません。現実には、孤高の天才や、もって生まれた才能だけではアイデアを実現できないのです。本章を読めば、アイデアを前進させるうえで周囲の人が必ず大切な役目を果たしていることがわかるでしょう。

他者が関わることによって、アイデアに新たな側面が生まれることは珍しくありません。仲間の力でコンセプトが洗練され、論理の矛盾が明らかになるのです。仲間をプロジェクトに引き入れると、自分に責任感が生まれ、生産性が上がり最後まであきらめないようになります。仲間の力は、フィードバックを取り入れ、柔軟に考え、実行の責任を分かち合うことにつながります。

あなたの成功は、他者の力をどれだけうまく利用できるかにかかっています。この章で描くように、自分のコミュニティにどんな人たちがいるかを把握し、さまざまな視点をもつ多様な人々をどうしたらやる気にできるのかを発見することが必要です。仲間のコミュニティが、あなたを賢く助け、アイデア実現の究極のプラットフォームになるのです。

周囲の力を借りる

あなたのコミュニティとは、周囲にいる人たちすべてです——チーム、指導者、クライアント、協力者、そしてもちろん家族や友人も。あなたのアイデアを最初から理解できる人はいなくても、最後にはその実現を助けてくれるでしょう。あらゆるアイデアには仲間がいます――コミュニティの中でそれを支持してくれる人が。その仲間を引き入れて、力を活用するのが、読者のみなさんの仕事です。

自分のアイデアに周囲の人々を引き入れてきたクリエイターたちは、とりわけ仲間の力を活用することに長けています。ですが、その力を借りることをいやがる人は少なくありません。他者の意見や影響を取り込むと、自分の創造性に傷がつくと感じるからでしょう。芸術家と批評家は犬猿の仲だと言われていますし、中には他人のために作品を創るのではないと言い張るアーティストもいます――自分のすばらしい才能を、たまたま他人が楽しむだけだ、と。また、フィードバックを取り入れたり、協力関係を長続きさせることが苦手な起業家もいます。

創作の過程は、大変な労力を費やすものですが、そこにはナルシシズムが伴います。自分のアイデアに陶酔し、確信を持つと同時にこれを守ろうとするのです。アイデアを説明する（そして上手に売り込む）ことに時間を割こうとせず、批判を受け付けなくなると、そのアイデアは孤立したまま行き場を失います。自分の殻に閉じこもれば、他者のニーズや感受性に合わせる能力――アイデア実現に欠かせない周囲の認知――を失います。

アイデアをコミュニティと共有すれば、フィードバックや支援を得ることができます。最初は脅威に見えたライバルでも、相手を励ますことで自分を切磋琢磨することにつながるでしょう。

私は数百にも及ぶ個人的な取材から、このコミュニティの力を確信するようになりましたが、拡大するソーシャルネットワークの科学的調査研究も、コミュニティの重要性を証明しています——とりわけ生産性と成功に関連する分野で、それが明らかになっています。

２００９年２月号の『ハーバード・ビジネス・レビュー』誌に、あるＭＩＴの研究が掲載されました。それによると、オンラインの幅広い人脈を持つ社員は、そうでない社員よりも生産性が７％高く、オフラインの幅広い人脈を持つ社員は、生産性が30％高いということでした。コミュニティ——オンラインかオフラインかにかかわらず——が、アイデアを磨き、集中力を高め、最後まで実行することを助けていることは明らかです。ここで、コミュニティが与えてくれる前向きな力を有効に活用するにはどうしたらいいかを探ってみましょう。

夢追い人、片づけ魔、両刀使い

知り合いの中に必ず、いつも夢ばかり見ている人——とても才能があるのに、なにも実行できない人——がいるはずです。フランクは、クロアチアで幼いころから家具作りに熱中し、職人として修行を積んで芸術的な手法をマスターした、天才的な家具職人です。彼は、腕前と情熱だけを持って、だれにも頼らず、お客様のためにすばらしい家具——クローゼット、本棚、その他もろもろ——を作ろうとニューヨークにやってきました。

頭に思い描くプロジェクトの話をしているとき、彼の目はきらきらと輝きます。たどたどしい英語で、言葉を選びながら、その細かい技巧を伝えようとします。「これはどこにもないものになるはずです——なめらかなカット、手触り……きっと気に入ってもらえるはずです」。そして、木材や設計、この次に作る家具の話をとめどなく語り続けるのです。仕事にはなんの定めもありません。フランクにとっては、どんな仕事も、偉大な名家具を設計し創作するための、あてのない旅路の途中の1つの記念碑でしかないのです。

フランクの顧客は彼の才能を理解していましたが、みんな同じ不満を口にします。時間通りに仕事を終わらせることができない、と。いつもなにかが起きると言います。必ずいろいろな言い訳があるのですが、詰めが甘いことは明らかでした。彼が完成させた作品は、どれも息をのむほどすばらしいものばかりでしたが、数が少ないうえにひどく間隔が空いています。

フランクは「夢追い人」なのです——私たちの研究で、よく見かけるクリエイターの特徴を大きく3分類した中の1つです。その3つとは、「夢追い人」「片づけ魔」そして「両刀使い」です。この世界には、上ばかりを見ている起業家や、書けない作家や、フランクのように限りない創作欲を持ちながら、それが障害になっている情熱的なアーティストが星の数ほどいます。

フランクのような「夢追い人」は、常に新しいアイデアを考えています。これが起業家の場合、「夢追い人」は、新しい商売のアイデアにすぐに飛びつきます。既存の商売の範囲でも、彼らは常になにか新しいことを考えています。広告業界のクリエイティブディレクターの中には、整理と集中は他人まかせで、自分はアイデアを考えてさえいればいい——つまり夢見るだけ——という人も少なくありません。非営利の世界で「夢追い人」と言えば、理想主義者です——彼らは、現在進行中のプロジェクトを投げ出して新しいプロジェクトに取りかかる傾向があります。また、アーティストの夢追い人は、新しいプロジェクトをはじめるとき、壮大な長期的なビジョンを掲げて、大規模な取り組みばかりを思い浮かべていることが少なくありません。

夢追い人は、一緒にいて退屈しませんが、1つのことに関心を持ち続けることができません。アイデアはあちこちに飛び、電話を返さず、進行中のプロジェクトを完成できず、家賃の支払いさえも忘れます。夢追い人は、だれよりもすばらしいアイデアを思いつく半面、それを最後までやり遂げることはほとんどありません。**私たちが出会ったもっとも成功している夢追い人は、「片づけ魔」と組んだことが成功につながったと言います。**

「片づけ魔」は、それほど夢想することはありません。実行の手順に常に集中しているからです。片づけ魔は、ブレインストーミングのとき、実現性が考慮されないとイライラします。新しいアイデアは好きですが、アイデアを実現するために必要なその次のステップに没頭する傾向があります。「夢追い人」は、簡単に新しいアイデアにほれ込みますが、「片づけ魔」は、**まず疑いを持ち、けちをつけてみた後に、それを気に入るようになるのです**（結局気に入らないことも少なくないのですが）。「片づけ魔」は、アイデアを分解し、行動する「整理人」兼大切な「お目付け役」になります。アイデアは行動可能な要素にきちんと落とし込まれてはじめて、現実のものになります。斬新で受けのいいアイデアでも、形がなく非現実的なら、「片づけ魔」はこれを疑い、受け入れないこともあるでしょう。

もう1つのカテゴリーが「両刀使い」──「夢追い人」と「片づけ魔」の両方を演じる能力を備えた人々──です。「両刀使い」は、夢想と行動というまったく違った段階を行ったり来たりします。「夢追い人」の段階で想像力を働かせていると、それだけでは我慢できなくなるのです。それが高じると「片づけ魔」の段階に転じ、頭の中のアイデアを行動に移します。それが落ち着いて夢想するときがくると、管理者的な心理から解放されてほっとするのです。ですから、「両刀使い」はアイデアを生み出し、必要なアクション・ステップに落とし込み、アイデアをきちんと行動に移すことができます。

ここで読者のみなさんは、「両刀使い」になることが、アイデア実現のカギだと考えるかもしれません。「両刀使い」の転身の才は魅力的に見えますが、それにも限界があります。アイデアを生み出しすばやく実行する能力があるため、両刀使いは複数のプロジェクト（多くの場合、複数の事業）を同時に率いることになります。

私たちが出会った偉大な両刀使いの1人が、ジェフ・ステイプルです。ジェフはステイプルデザインの創業者で、ニューヨークにあるショップ兼ギャラリー「リード・スペース」のオーナーであり、また自分の洋服ブランドのデザイナーで、そのうえナイキやバートンなどをクライアントに持つブランド戦略家でもあります。その幅広いビジネス展開によって、彼は多大な尊敬を集めています。彼は1日の間に何度でも発想と実行の間を行き来する能力を持つ、類まれなクリエイターです。ですが、その業績について話すうちに、ステイプルは自分を振り返り、そのやり方が能力を最大限に生かす最良の方法かどうかに自信がないと言いました。

「たくさんの違ったことをやるのは好きだし、おかげでわくわくしていられるから、これを変えることはないと思う。だけど、ギャラリーでも、洋服でも、デザイン会社でも、ショップでも、なにか1つのことだけにこれまでの12年間専念していたら、今どうなっていただろうと思うことがある。今ごろ30店舗くらい展開して、フロリダで引退生活を送っていたかもしれないよ」

「両刀使い」は数多くのアイデアを生み出して実現する傾向があります。その能力があるからです。この珍しい才能のために、複数のプロジェクトを率いる多大な責任を任されますが、そのかわり1つのプロジェクトを大々的な成功に導くことができません。私も、多くのプロジェクトをかけ持ちしている「両刀使い」に沢山出会いましたが、仲間うちで知られていても世界的に有名な人はいませんでした。こうした「両刀使い」のブランドや製品やアイデアは、その潜在的な可能性がすべて大きく開花することはめったにないのです。

「片づけ魔」と「夢追い人」は、組むのに最高の相手ですが、「両刀使い」はどちらと組んでもうまくいきます。「両刀使い」は、コラボレーションの世界の「O型」人間——つまりだれとでも合わせられる人——なのです。多くの「両刀使い」に一番成功したプロジェクトについて話を聞いたところ、彼らはどちらかの役割を強いられるとうまくいくことがわかりました。

「片づけ魔」と組めば、「両刀使い」は「夢追い人」モードに追いやられますし、「夢追い人」と組めば、片づけ魔的な整理力が発揮されるのです。

壮大な創作やそれを率いたリーダーの歴史を振り返ると、このような「片づけ魔」「夢追い人」「両刀使い」の例をはっきりと見ることができます。元陸上コーチのビル・ボウワーマンは、フィル・ナイトと組んでナイキのランニング・シューズを開発し、そのビジョンをビジネスに体現しました。アップルの経営陣の中で、ジョナサン・イブ（チーフ・デザイナー）、ティム・クック（最高業務責任者）、スティーブ・ジョブズ（最高経営責任者）を、それぞれ「夢追い人」「片づけ魔」「両刀使い」と呼ぶ人もいるかもしれません。ファッション業界では、「夢追い人」のカルバン・クラインにはバリー・シュワルツが、ラルフ・ローレンにはロジャー・ファラーが、マーク・ジェイコブズにはロバート・ダフィーが——3人の天才は、世界水準の「片づけ魔」とタッグを組んでいました。

ですから、どれが一番ということはありません。**「片づけ魔」「夢追い人」「両刀使い」の全員に長所と短所があります**。ですが、自分がどのタイプかわかれば、周囲の力を利用して——パートナーシップ、整理術、その他の資源を活用し——生まれ変わることができます。また、それぞれのタイプの特徴を理解することが、パートナーシップやコラボレーションを長続きさせるための第一歩です。

1人ではなにも成し遂げられない

クリエイターにはだれしも長所と短所があり、それはしかたがないと思い込みがちです（たとえば、「整理下手だから」とか「自分はクライアントの扱いが苦手」などです）。「片づけ魔」「夢追い人」「両刀使い」の特徴について先ほど述べましたが、そのことからも、補完的なパートナーを持つことのメリットがわかります。

夢追い人が単独で仕事をしていると、責任感や周囲からの刺激がなく、アイデアを思いついてもすぐに消えてしまいます。片づけ魔は、細かいことばかりに気をとられて、斬新なアイデアやソリューションをなかなか思いつきません。両刀使いは、数多くのプロジェクトを生み出して実行しますが、注意が分散したり、伸び悩んだりして、本来の可能性に届かないことも少なくありません。どのタイプであっても、適切なパートナーシップを組むことで、仕事がはかどることは間違いありません。

もちろん、パートナーとの関係がうまくいかなくなったという失敗談には事欠きません。こうした失敗はたいてい組む相手のミスマッチか、同じようなタイプの相手と組んでしまったことが原因です。たとえば、夢追い人同士が協力すると、アイデアを考えることばかりに時間を使い、実行がおろそかになります。反対に、片づけ魔同士が組むと、夢や独自性のないただの整理と実行だけになり、ブレークスルーは生まれません。パートナー選びは慎重にすべきです。ですが、これがうまくいけば、アイデアをより大きく花開かせることができるのです。

片づけ魔と夢追い人の長期にわたる協力関係が、すばらしい成果につながった例は数知れません。こうした事例の1つが、ジェフリー・カルミコフとジェイク・ニッケルが立ち上げた「スレッドレス」というコミュニティ参加型のTシャツデザインサイトです。カルミコフとニッケルは、2000年に小さなプロジェクトとして立ち上げたスレッドレスを、3500万ドル規模の企業に育てあげました。

このパートナーシップが成功したのは、カルミコフが夢追い人でニッケルが片づけ魔だからです。ベハンスが、第1回の99%会議を準備していた2009年に、私は2人が自分たちの関係について説明しているのを聞く機会がありました。「僕はいつもなにか新しいことを考えているんだ」とカルミノフは言いました。「社内で立ち上げる新規ビジネスのアイデアを考えている。ジェイクは、僕らが道を踏み外さないように、手綱を握ってくれてるんだ。ジェイクがいなかったら、なにも生まれてなかっただろうね」

それからずっと、カルミノフの話は、事実と想像が入り混じり、論旨がはっきりしないままあちこちに飛んでいきました。彼の言葉があやふやなときには、ニッケルが口を挟んで内容を整理し、筋道を立てていきました。彼らの対照的な話し方は、2人の仕事での関係をそのまま映すものにほかなりません。カルミノフは、自他ともに認める「アイデア製造工場」で、未来のイノベーションを次々と発想することで、会社に勢いと独自性をもたらします。ニッケルはそれと反対に、提案されたプロジェクトを吟味し、もっとも意味のあるものにチームを集中させ、実行の土台を築きます。2人の協力関係からわかるように、片づけ魔と夢追い人は相性がいいのです。それぞれまったく違う長所があるため、お互いを脅かすことがめったにありません。

同じパートナーと長い間組む場合もありますが、成功を収めている多くの起業家やクリエイター――特にかけ離れた分野（たとえば、雑誌出版からイーコマースなど）に転換し続ける起業家――は、個性や仕事のやり方、また補完的な専門性を重視して、プロジェクトごとに違うパートナーを探します。ロジャー・ベネットもその1人です。

ベネットは理想を追い求める社会起業家で、これまでに数々のプロジェクトを成功させてきました。ユダヤ人向けの社会貢献事業が彼のライフワークです。彼はユダヤ系の文化とアイデンティティにまつわるさまざまな疑問を突き詰めることに情熱を傾けています。最初はばかばかしいと思えたアイデアが、実現されると違和感なく受け入れられることに喜びを感じます。

ベネットは、若い世代のユダヤ人としてのアイデンティティを強化するというただ1つの目的のために、さまざまな文化的プロジェクトを立ち上げています。メディアとエンタテイメント界における影響力ある人々の「リブート・ネットワーク」、『バーミツバ・ディスコ』（Bar Mitzvah Disco）や『キャンプ・キャンプ』（Camp Camp）などの著作、雑誌『ギルト・アンド・プレジャー』、古い時代のユダヤ系音楽を保存するための「エーデルソン・ソサエティー」というレコードレーベルなどがその代表例です。

ベネットは、プロジェクトごとにパートナーを選びます。パートナー選びは彼にとって非常に重要で、ぴったりのパートナーが見つかるまではアイデアを前に進めません。ベネットが組む相手はみな、彼の個性や夢追い人的な傾向を補っています。さまざまな映画制作でも、彼は地に足のついたお金に厳しいプロデューサーと組んできました。本を書いたときには、整理能力が高く出版業界に精通したパートナーを見つけました。組織を設立するとき――これまでに繰り返しやってきたことですが――には、大人数を管理するのが得意な、行動力のある人と協力しています。ベネットは自分の長所と短所を知り、共通の関心を持ちながら自分にない能力を持った人を常に探しています。ニューヨーク中のさまざまなスポットに出没し、この特徴に合う人と――たいていは仕事帰りに1杯飲みながら――会っています。**同じような志をもつ人とのこうした何気ない会話が、ベネットにとってパートナーシップの土台になるのです。**

また、パートナーを雇うこともできます――特定の弱みを補うために、助けてもらうのです。いつまでも「夢追い人」だった人間が、本物の「片づけ魔」を雇い、パートナーとしてプロジェクトに参加してもらうことで、はじめて世に出たという例を、私はこれまで何度も目にしてきました。フリーランスのクリエイターにとっては、「エージェント」がこうしたパートナーになります。有名な俳優、デザイナー、写真家の多くはエージェントを雇っています――そしてエージェントのおかげで人生のバランスやキャリアの成功がもたらされたと言います。

パートナーシップの研究中だった2009年に、私はチャック・アンダーソンという24歳の有名なグラフィックアーティストと出会い、また彼のエージェントであるエリック・アトキソンとも知り合いました。アンダーソンの名は知らなくても、彼の作品には見覚えがあるはずです――彼は、10代の頃からナイキ、アディダス、マイクロソフト、ホンダ、ノキア、バンズといったクライアントの仕事をしてきました。仕事仲間で親友のジョシュア・デイビスの勧めで、アンダーソンは2008年にアトキソンを雇うことに決めました。アトキソンは、新規ビジネスの開拓に数多く取り組みながら、クライアントからの問い合わせに応え、スケジュールを管理し、日々の仕事だけでなく、アンダーソンの長期的なキャリアについても考えてくれました。

アンダーソンは、それまでもビジネス面のことを処理する充分な能力がありましたが、アトキソンと組んだことで、クリエイティブな面により集中できるようになりました。他人と一緒に働くという決断に迷いがなかったわけではありません。「僕はこれまでずっと1人でやってきたんだ」とアンダーソンは言います。「この4年半、だれとも一緒に仕事をしたことはなかった」。結局、多少手綱を譲ることで規模を拡大できるなら、そうしてみようと思ったのでした。「だれかと一緒に働いてみて、自分の仕事をの進め方を見直し、もう1つ上のレベルに行けるかを試してみる潮時だと思ったんだ。この先ずっと、ただのフリーアーティストのチャック・アンダーソンのままではいたくないと決めたのさ」

パートナーは、アイデアを展開するうえで考えるべき関係者の最初の1人にすぎません。

パートナーといっても、資金提供者である必要も、同等の権利者である必要もありません。あなたの能力を補い、うまく育ててくれる人ならいいのです。核になるパートナーを選んだら、あなたのアイデアに取り組んでくれるその他の人々――そしてグループ――について、より幅広く考えてみるといいでしょう。

アイデアをみんなで共有する

私の考えを受け取る人は、私からなにものも奪わずに、知識を高める。私から光を奪うことなく、自分を照らすように。その知識は人から人へと世界中に広がり、人間のモラルと相互理解を高め、人間性を向上させる、不思議な自然の恩恵のように思われる。

トーマス・ジェファーソン
「アイザック・マクファーソンへの書簡」

「アイデアをみんなで共有する」という考え方は、ひらめきを秘密にしておきたいという人間の本能と相反するものです。ですが、成功を収めた数多くのクリエイターの間では、**アイデアをシェアすることがあたりまえに行われていました。**どうしてでしょう？　なぜなら、アイデアは、それを実現する道のりのほんの小さな一歩にすぎないからです。その道のりにおいて、アイデアの中身を磨き、実現に責任を持ち、さらに前進し向上するための人脈を築き、必要な資源や心の支えを得て、口コミを拡げて支援や関心を集めるためには、コミュニティの力が欠かせません。アイデアを共有することは、実現の原動力となるコミュニティをつくる第一歩です。

『ワイアード』誌の編集長、クリス・アンダーソンを例にとってみましょう。アンダーソンは、ベストセラーとなった『ロングテール』(アップデート版、篠森ゆりこ訳、早川書房、2009年)の中で、ニーズが満たされていないニッチに着目し(アマゾンやネットフリックス)、少量の希少品を広く分散された消費者に販売することの優位性を説きました。アンダーソンの理論は、新たなテクノロジーが大衆の力を解き放つこと――彼自身が信奉する哲学――を多くの点で示すものです。

「1人では決してなにもできない」とアンダーソンは言います。「1人で運営するプロジェクトは、必ず失敗する。拡大できないからね。僕はプロジェクトに協力者が集まらなかったら、だいたいなにかがおかしいと思うことにしている」。アンダーソンは、その一例として、彼と同じコンピュータオタクの父親たちをターゲットにしたブログの立ち上げをあげます。彼がこのアイデアをブログに載せたとたん、すぐに熱心なファンが集まり、『ワイアード』誌の読者ブログ「ギーク・ダッド(オタクパパ)」が誕生しました。もし6週間以内にきちんとしたチームができなければ、このアイデアは棚上げになっていただろうとアンダーソンは言います。

アンダーソンは、本のネタになりそうな「ベータ版」のアイデアをブログに掲載します。「無料ですべてのアイデアを公開するのが僕の哲学だ」と彼は言います。こうしたアイデアが「自分を超えるコミュニティの集合知によって磨かれる」とわかっているからです。彼の著作『フリー』（小林弘人監訳、高橋則明訳、日本放送出版協会、２００９年）は、ロングテールと同じように『ワイアード』誌の特集記事から発展したものです。アンダーソンはブログに寄せられたコメントやメールをもとに、この本に書かれたコンセプトを磨いていき、また読者からの質問やマスコミへの反対意見に応える形で、１つの章をまるまる「フリーに対する懸念とその答え」に費しました。**コミュニティとアイデアを共有することで、アンダーソンは出版前に熱心な読者を仲間に引き入れ、その集合知を利用してコンセプトを磨いたのです。**

実業界では、アイデアを殺さないためでなく、資源を最大限に確保するためにも、アイデアを公開することが必要です。チーム内で――チーム間でも――新しいアイデアは事業の効率化や利益向上につながるからです。

ゴールドマン・サックス時代に、私は当時社の最高学習責任者だったスティーブ・カーと一緒に仕事をする機会に恵まれました。カーは、前職のGE時代に、クロトンビルの学習センターで「境界なき組織」を研究し、実践した第一人者です。部門と部門、組織と顧客の間の伝統的な境界線を取り除くことが、アイデアやベストプラクティスのやり取りを活発にするというのが、彼の考えです。

「情報の独占は背信行為だ」と、カーはよく言います。仲間や他の部署にベストプラクティスを教えないことは、それ自体が会社からなにかを奪っていることになるというのです。仕事の効率を上げるアイデアや気づきがあるのに、それを同僚と共有しないのは、チームから盗んでいるのと変わらない、と言います。カーはより広くアイデアを共有するような経営慣行を呼びかけ、チームや部署にアイデアがより効率的に広まるよう、社内の人事ローテーションを勧めています。

官僚的な組織内では、実際に人を動かさないと知識も共有できません。クリエイティブなプロジェクトでも同じことが言えます。アイデアをすばやく共有し、すでになされた発見を知ることが、成功の確率を上げるのです。

クリス・アンダーソンや、スティーブ・カーの例は新鮮ですが、現代でもっとも有名なアイデアマンたちの特徴は正反対です。スティーブ・ジョブズはアップルのイノベーションについて極端な秘密主義――社外だけでなく、社内のチーム同士でも――で知られています。クリエイティブ分野の教育を受ける学生は、必ず教師からアイデアの共有は慎重に行うように教えられます。もちろん、特許やアイデア保護の基本になる考え方は、一般的には役立つでしょう。アイデアへの情熱や、その潜在的な価値を考えれば、アイデアを保護したいという思うのは当然です。

ですが、私の調査したところでは、アイデアを公開することで、勢いが生まれ、最終的にその実現可能性を大きく高めることがわかっています。クリエイターや起業家は、人にアイデアを打ち明けると、よりそれに打ち込むようになると言います。実際には、偉大なアイデアは数多く存在するのに、その実現に必要な自己管理能力と資源を持つ人はほとんどいません。アイデアは多くの人に知られることで磨かれ、そのことでよりそれに打ち込めるようになるのです。

クリス・アンダーソンの事例でもわかるように、テクノロジーの進歩によって、これまでになく簡単に、アイデアを即座に共有することができるようになりました。テクノロジーによって情報は簡単に拡散し、より大きな進歩や責任につながります。新しいプラットフォームのおかげで業種の壁を越えた個人のネットワークが簡単に築かれ、最新の作品がすぐに公開できるようになりました。ツイッターやフェイスブックのフォロワーやファンの励ましによって、1つのプロジェクトに集中し続け、踊り場を越えることも以前よりやさしくなりました。もちろん、このようなツールの将来性は、私たちがどれだけ自分をさらけ出せるかにかかっています。

ほとんどのアイデアは、共有されなければだれにも知られず消え去り、結局忘れられてしまいます。読者のみなさんは、たとえ自然の感情に逆らってでも、それを公開する責任があります。アイデアを自由に共有すべきです――自分の成功のためでなければ、社会のために。あなたの偉大なアイデアは、みんなのために実現されるべきなのです――たとえそれを実行するのがあなたではなくても。

フィードバックを活用する

アイデアを公開すると、周囲の人たちがそのアイデアに肩入れしてくれるか（くれないか）、わかりはじめます。そうした仲間たちの熱意の度合いで、それまで気づかなかったアイデアの価値や隠れた欠点などが目に入るようになります。周囲が深く肩入れすると、さまざまな意見が出てくるでしょう。こうして意見が交換され、またこの意見交換がフィードバックとして活用されることが理想的です。

フィードバックの大切さについては言うまでもありません。それはよいアイデアにさらに磨きをかけ、悪いアイデアを葬り、時期尚早のアイデアを延期するのに役立つ、強力で冷静な力です。仲間から意見を聞くのにはまったく手間がかからない――しかもアイデア実現に欠かせない――のに、だれもこれに注目しないのはなぜでしょう？　私たちが出会ったクリエイティブチーム――スタートアップ企業や大手企業――の中で、フィードバックを積極的に活用しているチームはごく少数でした。クリエイターの多くは、意見されることに耐えられないのです。

クリエイティブの世界では、意見してもあまりいいことがないため、フィードバックに躊躇する傾向があります。フィードバックの価値は高いのですが、相手にそれを言ってもあまりありがたがられない――正直な意見を聞きたい人はほとんどいないのです。アイデアを実現するための作業は、愛する人への奉仕のようなものです。愛する人を厳しく批判してほしいと思う人はいません。

ですが、アイデアに夢中になっているときほど、現実を知る必要があります。フィードバックによって軋轢が生まれたとしても、それを受け入れることが役に立つのです。**フィードバックを自ら進んで取り入れる人々は、他人の意見を資産、つまり、ある意味でお金によらない報酬だと見なしています。**こうした人たちは、プロジェクトの終わりに周囲のフィードバックを募ります。「働いてみてどうでしたか?」や「私の考えの中で、筋の通らないこと――または、あなたなら違うようにしただろうということ――はありましたか?」といった単純な質問は、意見交換を促し、価値ある洞察を生み出します。将来フィードバックを募るときの準備になるかもしれません。

フリーのクリエイターでも、大きなチームの責任者でも、継続的にフィードバックを収集し、交換するための手法を開発できます。私は、ヒューレット・パッカードのリーダーシップ育成担当のバイス・プレジデントであるステファン・ランダウアーから、小規模でも大きな成果をあげているチームのやり方を1つ教わりました。ステファンは、チームリーダーが各メンバーと主要クライアントに対して、参加者それぞれが「すべきこと」「やめるべきこと」「続けるべきこと」の3点をメールで尋ねるよう勧めています。

メールを受け取ったメンバーは、仲間やクライアントの各人が「すべきこと」「やめるべきこと」

「続けるべきこと」への答えをチームリーダーに送ります（リーダーについてのフィードバックはチームの他の人に任せられます）。それぞれの項目への答えを集計すると各人についてのより大きな傾向が見えてきます。たとえば、スコットという同僚について「すべきこと」「やめるべきこと」「続けるべきこと」だと周りのみんなが思っているのはどんなことでしょう？　そして、だれか1人だけが思っていることではなく、みんなの総意を各人に知らせます。

フィードバックをすばやく共有するこの手法（ここから派生した手法）は、どんな業界の小さなチームでもうまく機能します。こうした意見は単純で、行動可能なものでなければなりません。「すべきこと」「やめるべきこと」「続けるべきこと」方式は、とりわけ行動に移しやすいだけでなく、年に何度も簡単に行うことができます。「すべきこと」「やめるべきこと」「続けるべきこと」方式なら、どんなプロジェクトにも使えます。**アイデア実現の過程で知見を集めるのに役立つだけでなく、協力者やクライアントといったコミュニティに信号を送ることにもなります**。それは、あなたがフィードバックを取り入れ、向上し、積極的に学ぼうとしている信号です。

フィードバックの共有は、効果的な自己マーケティングの一種であり、プロジェクトの中身を変容させる役割を持つとさえ言う人もいます。ニューヨークの有名な独立系広告代理店であるバーバリアングループで経営計画と戦略の責任者を務めるノア・ブライアは、そのよい例です。

ブライアは、レッドブル、パナソニック、CNNといった有名ブランドの戦略家として業界で知られています。ブライアは、常に大胆なアイデアを発想し実行しており、「ブランド・タグ」というサイトを立ち上げて数百万人もの人々から意見を募ったり、クリエイターたちと週に一度の朝会を開き、これが「ライクマインド」（同好の士）という国際的な現象になったりしています。

ブライアによると、この2つのプロジェクトの立ち上げと拡大に、フィードバックは中心的な役割を果たしたと言います。「僕は、どちらのプロジェクトのときも、質問してくれた人全員への返信に、ものすごく時間を使った。個人的なつながりとフィードバックはすごく大切だ。個人的に深く知り合うことでライクマインドの参加者やブランドタグの利用者がよくわかるし、成長のための新しい発想に役立つ」

ブライアはオンラインでプロジェクトへのフィードバックを集めますが、シンク・デザインの創業者であるトム・ヘネスはオフラインでこれを吸い上げます。展示会場の設計を専門に手がけるシンク・デザインは、数多くの関係者の合意が必要な大規模プロジェクト――ワールドトレードセンター跡地の9・11国立記念博物館など――を完成させた経験を持つプロ集団です。この会社は、建築家レンゾ・ピアノとのコラボレーションで、5万平方フィートにもわたるカリフォルニア科学アカデミーのスタインハート水族館を企画設計しました。自らもオブジェを創作するヘネスは、作品への反応を見たり聞いたりしてフィードバックを集めることが大切だと言います。

ヘネスは時間の許す限り、水族館に立ち寄って、訪問客の動きを観察しています。「この時間を使って、自分の作品をより深く見つめる」とヘネスは言います。「自分の設計したものがどんなインパクトを生んでいるか、また自分が思い描いていたものと比べてどうかを理解するためにね。訪問者が初めて展示場に入ってたときに、どんな行動をとるかを見る。最初の15人くらいを見れば、知りたいことがだいたいわかるんだ。例外的な人――たまに見かける――もいないわけではないけれど、たいていは、きちんと見ている人、ただ通り過ぎる人、理解できてない人に分かれる。こういった人々を観察し、その反応を見て自分の中に取り込み、大きなコンセプトづくりの際の具体的なツールとしてこのフィードバックを利用する。すると、自分の作品が現実にどう使われるかがわかる。これは1つの例だけど、何をすれば思うことを達成できるかという知識を頭の中に蓄積するきっかけになる」

フィードバックが既存のアイデアに磨きをかけ、イノベーションを促し、仲間や顧客との関係を改善し、うまくいくことといかないことについて将来の蓄えになるような知識を積み上げる役に立つことを、これらの例は示しています。みなさんが仕事上でどんな地位にいても――そのアイデアがどの段階にあっても――、**自ら進んでフィードバックを求め、それを取り入れるべきです**。マネジャーや、仕事仲間やクライアントはフィードバックを共有する責任があり、あなた自身も周囲にそれを促さなければなりません。

透明性がコミュニティの力を強める

フィードバックの共有を促すのは透明性です。今では、だれもがいま何をしているかを、望めばいつでも知ることができます。これは裸で仕事をしているようなもので、必ずしもうれしいことではないかもしれません。とはいえ、仲間の力を利用できるかどうかは、アイデアや目的や進歩をどれだけオープンにできるかにかかっています。

オンライン小売店ザッポスのCEO、トニー・シェイは、ブログやツイッターで頻繁にメッセージを発信することが、社内（社員）、社外（顧客）とより強い絆を築くのに役立っていると言います。シェイは公私両面でツイッターを利用して透明性を高めようと決意し、それは絶大な効果を生みました。シェイは企業ブログにその点をこう説明しています。

僕個人に関しても、ザッポスに関しても、できる限りツイッターで公開してみようと決めたのです。「オープンで正直な関係を築く」というザッポスのモットーの1つに合うものだったからでもあります。みんなが僕のオープンさや正直さを心から認めてくれましたし、ツイッター上でつぶやいている他の企業や経営者に比べて、ザッポスと僕に個人的なつながりを感じてもらえたと思います。

透明性を尊び、頻繁にツイートすることは、いつもカメラの前で生活しているようなものでした。自分の行動や考えをつぶやくと思うと、会社の価値観に背かないよう、より意識して行動します。

愚痴をこぼすためにツイッターを使う人は多いですが、それは会社の価値観と一致しないので、私はやりません。すると、現実の世界でも不満をもらすことが少なくなり、幸福感が高まったと感じます。

ツイッターを利用することで、シェイは自分自身と会社への強い責任感を感じ、同時にコミュニティ（フォロワー）と親しく正直に話し合うことで、ザッポスブランドを築いたのです。

アイデアを広く公開することは、所有者意識を分担し、実現可能性を検証し、それを高める助けになります。プロジェクトとしてアイデアに取り組むと、周囲の人々はその進歩をともに見守るでしょう。プロジェクトの進行過程を逐一公開すれば、即時のフィードバックや質問を受けることができ、未開拓の可能性が明らかになります。集中力を失ったり、道を外したりすると、仲間がブレを指摘してくれます。コミュニティは継続的な状況報告を期待し、励ましと建設的な批判を与えてくれます。ツイッターやフェイスブックなどのソーシャルメディア、それからニッチ業界の人脈、私たちのアクション・メソッド・オンラインは、創造の過程をよりオープンにします。

コミュニティの取り組み次第で、新しいアイデアが注目を集める（または暗礁にのりあげる）例を見てみましょう。結婚式の写真撮影を生業とするパリス・ウィッテンガムの場合、公開することでメリットがすぐに表れました。彼がベハンス・ネットワークに、ブルックリンで行われたある結婚式の写真をアップすると、インドに住むグラフィックデザイナーのアルチャン・ネアーがコラボレーションを申し出たのです。

ウィッテンガムの許可を得て、ネアーは、おしゃれなブルックリンの少年の写真に鮮やかな色で軽いタッチのイラストをかぶせました。他の写真にも同じような技法を施して、コラボ作品をベハンス・ネットワークに掲載しました。歌手のカニエ・ウェストや有名ブロガーのジョシュ・スピアーがこの作品を取り上げたことで、ウィッテンガムとネアーは注目を集め、新たな仕事が次々と舞い込むようになりました。

公開することでコラボレーションや有益なフィードバックが生まれるだけでなく、**周囲が自分の活動を見て、思いがけないつながりができることで、より生産性が上がります。**カンファレンスとソーシャルイノベーションのネットワークとしてよく知られた「ポップテック！」のリーダー、アンドリュー・ゾリは、公開することが整理につながったと言います。「僕はプライバシーを捨てたんだ」と、説明してくれました。「自分では恥ずかしいと思うようなことも、実はたいしたことじゃないってわかったのさ。人生をさらけだせば、だれかが必要なものを見つけてくれる。人生をオープンソース化したってことだね。スケジュールも、メールも、連絡先も、全部会社の人に公開してるんだ。だからなにもかも丸見えだ。僕の行動が逐一わかる」

オープン化といっても、その程度はピンからキリまでさまざまです。みなさんの許容範囲を超えるような手法やツールもあるでしょうが、いままでより少し多く公開するだけでも、コミュニティの力を利用することができるはずです。自分のアイデアをより広く公開すれば、あなたの作品や最新のプロジェクトにもっとも関心のある人たちが、それを受け取るでしょう。あなたに関心のある人たちは、あなたの進歩に役立つ意見を持っているはずです。そして状況に応じて生まれるさまざまなつながりが、プロジェクトに大きな違いをもたらすでしょう。この過程には、居心地の悪いこともあるでしょうが、仲間や友人やファンが期待して見守っていれば、集中力が高まり、段階的な進歩が生まれる可能性が高いのです。

コミュニティの力はサークルを通して発揮される

もしあなたが普段はグループで仕事をしないなら、独自のグループを作ってみるといいでしょう。たとえばライター仲間のサークルは、毎週顔を合わせ、進捗を打ち明け、モチベーションを保つものです。ですがこうしたサークルは文学に限ったことではありません。

クロード・モネは印象派の画家として有名ですが、画家仲間や友人のサークルから生まれた印象派運動は当時にしては非常に過激なものでした。クロード・モネ、ピエール＝オーギュスト・ルノワール、フレデリック・バジール、そしてアルフレッド・シスレーが立ち上げメンバーで、カミーユ・ピサロ、エドゥアール・マネ、エドガー・ドガ、エミール・ゾラ、ポール・セザンヌがその後グループに加わりました。当初、4人のオリジナルメンバーは共同で生活も仕事も営み、資源を蓄え、励まし合って新しいものに挑戦し、互いの失敗から学びました。モネは印象派サークルの大切さを当時のインタビューでこう述べています。

マネに再会したのは1869年だったが、すぐに親しくなった。マネは、アトリエで一日の仕事を終えた後、仲間と会っていたバティニョール地区のカフェに、毎晩私を招いてくれた。私はそこでセザンヌや、イタリアから帰国したばかりのドガや、批評家のデュランティや、文壇にデビューしたばかりのエミール・ゾラたちと知り合った。私も、シスレーやバジールやルノワールをそこに連れていった。そこで交わされる強烈な意見の対立は、本当におもしろかった。いつもはらはらどきどきしながら、誠実で公平な意見を交わすことで仲間と刺激し合い、それによってアイデアを最終的に形にするまでずっと情熱を保ち続けた。そのたびに、論戦への備えが磨かれ、新たな目的意識や明晰な思考が生まれた。

孤高の天才というイメージとは裏腹に、印象派の芸術家はサークルの中でお互いを鼓舞し、絵画の世界に突破口を開きました。こうした例は珍しくありません。どんな業種でも、このようなサークルはアイデア実現に重要な役割を果たします。きちんと組織化されたサークルもあれば、正式な形をとらないものもあります。いずれにしろ、サークルはアイデアを持つすべてのリーダーに利用できますし、非常に役立つものです。

産業界では、「若手経営者の会（ＹＰＯ）」の「フォーラム」というシステムは有名です。組織全体では数千名の会員を抱えていますが、各自は8人から10人のグループに属し、年に10回ほど会って「お互いの仕事や家族や個人的な経験を、信頼できる守られた雰囲気の中で率直に話し合い」ます。ＹＰＯは、「ＣＥＯという職業は一番上に立つ孤独なものです。フォーラムは孤立を防ぐために役立ちます」と言います。ＹＰＯに参加するビジネスリーダーたちにとって、フォーラムは、仲間の助言、やる気や責任感を与えてくれるものなのです。

コーネル大学の少人数のリーダー育成ネットワークも、同様の組織です。これは１１８年の歴史を持つ「シニア・ソサエティー」から派生したもので、若い世代の卒業生が、仕事の夢や個人の悩みを共有するために少人数で集まったのがそのはじまりです。卒業生の集まりとしてはじまった小規模な試みは、若手のリーダーたちが小さなグループに分かれて、毎年集う世界的なネットワークとして知られるようになりました。その目的は、アイデアを共有し、率直に意見を交換し、責任感を養うことです。

若手リーダーの多くは、伝統的で安全な仕事からなかなか離れられないものですが、この卒業生のネットワークのメンバーは、現状を打ち破ってこれまでにない事業を立ち上げたり、非営利組織をはじめたり、若くして政治家になったりしています。「コーネルのネットワークが私に勇気を与え、導いてくれました」と、あるメンバーは語ります。YPOのフォーラムと同じように、この地域ごとの少人数グループは、仲間の力がリスクをとることを促し、最後までやり遂げるよう導いている事例の1つです。

興味や業種に関係なく、こうしたサークルにはいくつかの鍵になる成功要因があります。私はこれを「サークルの法則」と呼ぶようになりました。そしてこの法則を頭に置いて、サークルを作り、管理し、時には捨てることも必要だと説いています。自分でサークルを作ったり、同じ志を持つ仲間たちをサークルとして機能させようとする場合には、次のルールを念頭に置くといいでしょう。

▼人数を15人以下に抑える

人数がこれより多いと、個人ではなく、集団への責任を感じるため、効果が薄れます。もう1つは単純に物理的な理由です。15人を超えると調整と管理が難しくなります。オンラインのフォーラムやメールの送付もこの人数を超えると親しみが薄れ、自由に意見を言いにくくなります。

▼明確で一貫した会合のスケジュールを決める

サークルは永続的なものにしてもいいし、あらかじめ会合の回数を決めて期間限定にすることもできます。目的によってどちらを選んでもいいでしょう。脚本家のグループが、期間限定でそれぞれ特定の脚本の進捗を報告してもいいですし、若手起業家のグループがビジネスの問題や解決策を話し合うために継続的にサークルを開くこともできます。

▼頻繁に会い、責任を持つ

殻を破って個性を表に出すためには、期間限定のサークルは最低5回は会うことが必要です。継続的なサークルなら月に一度か2度会うのがよくあるパターンです。頻度にかかわらず、すべての参加者が出席し、時間を守ることが求められます。時間の経過とともにメンバー同士が親密になることが目的なので、出席率の基準をあらかじめ決めておきましょう。欠席が多すぎるメンバーには退会を求めるべきです。なぜなら、安定した出席率が、責任を共有する仕組みの成功を左右するからです。

▼リーダーを任命する

どんなサークルも、スケジュールを管理し、出席率の低い会員に退会を迫る役目をする人が必要です。中には、熱心に参加するメンバーもいるでしょう。ですが、もっとも優秀なリーダーは、脱落しかけている人やなかなか仲間に入れない人をうまく引き入れます。また、リーダーは会話の最初と最後を締めくくり、常に時間に気を配らなければなりません。

▼サークルをオンラインに拡大する

ソーシャルテクノロジーが進歩した今、サークルはオンラインのツールを利用できますし、利用すべきです。ですが、バーチャルだけではあまり効果がありません。きちんと決まった日時に定期的に顔をあわせなければ、直接の親密な経験からしか得られない責任感や率直さを維持することはできません。とはいってもリーダーはサークルの一部をオンラインに――たとえば、オンラインの共有フォルダ（作品の共有が必要な作家のサークルなどに役立ちます）や、オフラインの会話をオンラインで続けられるような掲示板――することも考えてみるべきです。

サークルは、業種や経験にかかわらず、クリエイティブなプロジェクトに役立ちます。自分の貢献が、サークル全体の経験をより価値あるものにします。人生の他の関わり合いと同じく、サークルから受ける恩恵は、自分がなにを貢献するかによるのです。

サークルが生み出すもう1つの興味深い現象は――人生につきものの――競争です。同業者が進捗を公開していれば、自分もアイデアをさらに深追いし、磨かなければとあせります。こうした競争的な雰囲気が前向きなやる気につながることもあります。

あえてライバルを求める

6年間は2190日です。壮大な作品づくりには時間がかかりますが、ノア・カリーナの「エブリデイ」プロジェクトは、毎日同じ努力が必要とされる点で際立っており、これが世界的な注目を浴びた理由でもあります。カリナは毎日自分の写真を撮ることにしました——今は9年目に入っています——が、**このアイデアは決して斬新でも野心的でもありません。**

カリーナは毎晩寝る前にデジタルカメラで自分のスナップ写真を撮ります。2006年8月には、「エブリデイ」と題した動画をユーチューブに投稿しました。6年間に撮りためた写真を連続した動画にして、当時のガールフレンドとブルックリン出身の仲間であるカーリー・コマンドが制作したサウンドトラックに載せたのです。「エブリデイ」は、1400万ものヒット数を集め、ユーチューブの歴代トップ10に入りました。彼のアイデアと実現への努力は、世界中の人々を刺激する作品になりました。彼は、グッドモーニングアメリカ、CBSイブニングニュース、ABCニュース、VH1、『ニューヨーク・タイムズ』紙、『ワシントンポスト』紙、『ロサンゼルス・タイムズ』紙といったさまざまなメディアに取り上げられ、ビデオも発売され、これが写真家としてのキャリアを大きく後押しすることになりました。

毎日のスナップ写真を通して人生を記録するというカリーナの発想は、1日一度の仕事を何年間も続ける一大プロジェクトになりました。しかし、数百万の視聴者にとっては意外でしょうが、彼は具体的な計画をもってこれをはじめたわけではありません。写真を撮りはじめてから数年後も、このプロジェクトをどのように発表したらいいか、(発表される日が来るのかも)定かではありませんでした。それは、実行するのに毎日数分しかかからない、ちょっとしたアイデアでしかなかったのです。整理力と自制心のおかげで続いていましたが、別の力――ライバル――が現れるまでは、ただの孤独な冒険でした。ある晩、写真家仲間たちのいろいろなブログを見ていたとき、アンリ・リーという写真家による、3年分の自分の写真をつないだ動画をたまたま見つけたのです。

カリナが自分の写真をつなぐことを思いついたのは6年間も自分を撮り続けた後でした。そして、史上もっとも口コミで人気を得た動画の1つができました。意外ですが、この思いつきはプロジェクトの勢いから来たものでもなければ、友人や仲間の勧めでもありませんでした――それはアンリ・リーだったのです。カリーナはリーの動画を見て、自分ならもっと内容の濃いものを公開できると思ったのです。リーのプロジェクトが彼を強く動かすきっかけになりました。その後、彼はプロジェクトを世に出すと心に決めて努力したのでした。自分の写真を毎日撮りためている写真家は他にもいましたが、カリーナは何年も続けていたので、それを知ってもらおうと決心したのです。

日課を必ず果たすというカリーナの固い意志がなければ、プロジェクトはこれほど長い間続かなかったでしょう。リーというライバルの存在がなければ、それがカリーナのキャリアを助ける作品に形を変えることはなかったはずです。サウンドトラックを制作したカーリー・コマンドの協力がなければ、動画にこれほどのインパクトはなかったでしょう。彼の発想は特別新しいものではありませんが、この作品にこめられた努力と節制は驚くべきものです。そしてライバルというきっかけがなければ、彼のプロジェクトが世に出ていたかどうかわかりません。興奮か恐怖に動かされない限り、アイデアはたいてい停滞したままで止まってしまいます。自分以外のだれかが、自分のアイデアを実現して喝采を浴びるのは許せないものです。アイデアは、自分らしさと想像力をもっとも深く体現する神聖なものです。アイデアは現在の自分や自分の理想像の一部だと言う人もいるでしょう。だからこそ、ライバルの存在が本能に訴えるのです――ダーウィンの「適者生存の法則」のように。

ですから、ライバル――仲間であれ敵であれ――は、とても強力な原動力です。行動のきっかけとなり、作品の水準を上げるよう後押しするものです。ライバルの存在がなければ、どんなリーダーも道を見失ってしまいます。ライバルの力は、よりよい方法を示してくれます。見て見ぬふりをするのではなく、彼らを観察し――理解しましょう。自然にできることではないかもしれませんが、ライバルを積極的に見出し、その存在に感謝しましょう。競争を受け入れることで、ゲームの頂点に立ち続けられるのです。

周囲を引き入れるには、まず自分が全力で取り組む

新しいプロジェクトを立ち上げるとき、皆さんは知り合いのみんなにそれを広めてほしいと思うはずです。買い手やクライアント候補を紹介してもらいたいと思うでしょう。あなたのア

イデアが注目されるように、コミュニティのみんなが名刺ファイルをめくったり役に立ちそうなものを探したりすることを望むのです。ですが、広めてもらおうとするアイデアにあなた自身が全力を注いでいることを示さなければ、うまくいきません。

それで私が思い出すのは、レベッカです。レベッカは、ニューヨークに住む有望な宝石デザイナーで、事業を立ち上げるためのアドバイスを私に求めてきました。レベッカは、週末の自由時間を使って独創性にあふれたジュエリーを作り、顧客たちからすばらしい評価を受けていました。また、いくつかのブログで高い評価を得たことで、ウェブの来客も増え、売上が予想外に増えていました。彼女は事業の先行きに自信をもつようになり、もっと真剣に取り組むことを考えはじめていました。

思慮深く質問し、私の忠告を書き留めていた彼女を見て、私はその真剣さに感心しました。話しているうちに、どうしたら彼女を助けられるか——だれを紹介したらいいか——を考えはじめていました。当時、宝石デザイン業界でのベハンスの人脈はどんどんと拡大していました。レベッカの新事業について記事を書くこともできましたし、ブランド立ち上げの強力な助けになりそうなブティックのオーナーを紹介することもできました。ですが、レベッカに感心し先行きを楽しみにしていたものの、1つだけ躊躇させるものがありました。レベッカはこの事業に100％打ち込んでいなかったのです。彼女は投資銀行のアナリストとして働いており、そのことに大半の時間をとられていました。事実、最近は注文が多すぎて応えられないとも言っていました。自分のウェブサイトを改良中でもあり、限られた自由時間の中での材料集めを手伝ってもらうためにアルバイトを雇おうとしていました。

なにより心配だったのは、私が提供する紹介や機会に応えられないのではないかということでした。そうなれば、彼女の評判に傷がつくでしょう――そして紹介した私もそうです。レベッカは安定した仕事からリスクのある事業に乗り換えるつもりが本当にあるのでしょうか？　これに心血を注ぐ気があるのでしょうか？　さらに話をしてみると、レベッカに手を差し伸べようとしていたのは、私だけではありませんでした。みんなが彼女を助けるためにできる限りのことをしようと思っていましたが、彼女が本気になるのを待っていたのです。

自分の真剣さを周囲に宣言し、アイデアを実現するためにリスクをとると、いわゆる「誓約メリット」を得られます。誓約メリットとは、あなたのプロジェクトを支えるために、周りの人がリスクをとる――経済面でも評判の面でも――可能性が高まることを言います。

ベンチャー企業のリーダーたちに成功の転機を聞くと、**人生の中でなにかを劇的に変えることを仲間に宣言したとき**――友人や家族に決心を伝えるメールを送ったときや、転身の理由をブログにアップしたとき――だと言う人が少なくありません。全力で取り組むことを公にして初めて、彼らは仲間から全面的な支援を受けました。

あなたが本気になれば、コミュニティはあなたを助けるために喜んで手を差し伸べるでしょう。しばらくのあいだアイデアにあれこれと手を加えてから本気で取り組むのはかまいません

——その方がおそらくいいでしょう——が、あなたが全力を注ぐことを約束しなければ、仲間はあなたを支えないでしょう。

責任のシステムをつくる

仲間力の一番大切な部分は責任です。ここまでにあげたクリエイターの特徴を考えると、目標に目を向け努力し続けるために助けが必要なのは、あたりまえとも言えるでしょう。責任のシステムをつくる方法はいくつもあります。年に一度のTED（テクノロジー・エンタテイメント・デザイン）カンファレンスでは、ステージの力によってリーダーたちは大胆な目標に責任を持たされます。さまざまなオンラインのソーシャルネットワークは、芸術家が作品を宣伝するツールになります。フリーや在宅ワーカーにとって、コ・ワーキングの空間は集中力を養うコミュニティになるのです。

注目を利用する

カリフォルニア州ロングビーチ。火曜の朝8時30分。世界中からおよそ900人が年に一度のTEDカンファレンスにやってきます。テクノロジー、エンタテイメント、デザイン界のリーダーたちが、さまざまな業種の新しいアイデアやブレークスルーを18分にまとめてこの場で発表するのです。また、5日間の会議の間、休憩中や夕食の席でさまざまな出会いを経験できるのも楽しみの1つです。

参加者はスターばかりです。IT業界の伝説の人物、ビル・ゲイツやスティーブ・ウォズニアック。グーグル創業者のラリー・ペイジとセルゲイ・ブリン。それから俳優のロビン・ウィリアムズやベン・アフレックなど、だれもが興奮を味わおうとここにやってきます。TEDのキャッチフレーズは、「みんなに宣伝したくなるアイデア」です。チーフ・ディレクターのクリス・アンダーソン（あの『ワイアード』誌のクリス・アンダーソンと同姓同名の別人です）は、TEDの目的は「偉大な人々をこのステージに引っ張り出し、なにかが起きるのを見守る」ことだと言います。ですが、もっとも重要な旬のアイデアが注目を浴び、それに勢いがつくことが、みんなの願いです。他のカンファレンスと違い、TEDの参加者たちは、大胆なアイデアと、それをかなえる資源と影響力を併せ持つ、稀有な存在です。

しかし、そのような、アイデアと資源を持つスター候補生の才能も、責任が伴わなければ形になることはないでしょう。TEDでは「TED賞」を設けて、各分野のリーダーとなった3名を毎年表彰しています。公式サイトによると、TED賞は「TEDコミュニティの類まれな才能と資源を活用する」ために設定されたと書かれています。3名の並はずれた人たちに毎年10万ドルを与え、「世界を変えようとする人」として表彰するのです。TED賞の受賞者はカンファレンスの数カ月前に決定され、授賞式で「世界をどう変えたいか」について18分間のプレゼンテーションをすることになっています。

過去の受賞者には、元大統領のビル・クリントン、科学者のエドワード・O・ウィルソン、U2のボノ、地球外生命体を探索する世界的な科学組織「SETI研究所」の所長ジル・ターナーなどがいます。受賞者には共通点があります。業界のリーダーであること、世界を変えるための大胆な願いがあること（アフリカでエイズと闘うことでも、地球の生物多様性を保護することでも）、そしてその願いを追い求めるための資源とネットワークがあることです。事実、TED賞の受賞者はそうした願いをかなえるための備えと力を世界で一番もっている人たちです。

受賞者が1人ずつ壇上にのぼり、プレゼンテーションを行う間、聴衆である業界の大物たちは熱心に耳を傾けます。プレゼンテーションの合間に前年の受賞者の願いがどう進展しているかをつづったビデオが流されます。影響力のある参加者が過去の願いの進展を見る様子は、新しい受賞者にとって、強力な無言のプレッシャーを与えます。受賞者はみな、次の年は参加者と世界にむけて自分の進捗を示さなければならないと知るからです。

TED賞は、周囲の注目を利用して大義に集中させるよい例です。**周囲の人々は、自分がアイデアに責任を持ち続けるための欠かせない要因になります**。アイデアを実現するための手段とやる気を持ち合わせていても、周囲のプレッシャーに助けられるものなのです。

ネットワークの力を使う

ある夜、私はウェブを散策中にブロック・デイビスの作品を発見しました。デイビスは、「毎日かっこいいものを創ろう」というプロジェクトを数カ月前に公開し、それが毎日数万ヒットを集めはじめていました。彼は、毎日新しくて「かっこいいもの」を創り、それをベハンス・ネットワークに掲載すると2009年の始めに宣言しました。そして、芸術的なひねりのきいた、次が見たいと思わせる作品群に文章をつけ、途切れることなく発表したのです。これをただただ続けることで、作品を毎日見にくるファンができ、ファンが最新作を評価し、励ましの言葉を送ってくるようになりました。自分を待っているファンの存在によってまた、デイビスは毎日作品を創り続けることができました。

デイビスがMSCED――「毎日かっこいいものを創ろう」《メイク・サムシング・クール・エブリデイ》――というグループに属する何百人ものクリエイターの1人にすぎないことを、当時私は知りませんでした。この集団はフリーランスのクリエイターたちが作品を創り続け、フィードバックをもらい、時間の制約の中で仕事をするよう励まし合うためのものでした。もちろん、このコラボレーションは、毎日欠かさずオリジナルな作品を掲載するアーティストと、それに魅せられた世界中の数万人ものファンによる暗黙のプレッシャーによって成り立つものでした。

責任感はコミュニティ――あなたの作品と人生に賭ける人たち――によって与えられるものです。作品を公開することや、サークルを作ったりこれに参加することのメリットからもわかるように、アイデアへの責任は、プロジェクトを「公表する」ことで強化されます――そして自分の目標を宣言することで、より強くなるのです。

シェアオフィスの利点を取り入れる

伝統的な企業社会ではチーム内の序列、対面のプレッシャー、たび重なる現状確認の会議、官僚的なプロジェクト管理手法などが、責任感を生み出します。だれかが自分を見張っているのは大事なことです。だれしもプレッシャーが必要です。

しかし、伝統的な企業の責任のシステムは負荷が多すぎ、やる気をそぐうえに時代遅れです。一連の新しいテクノロジーのおかげで、今では始終同じ場所にいなくても、仲間や上司への責任を持ち続けることができるようになっています。メールやスケジュールはどこでもチェックできます。理論的には、いつでも連絡をとることができるのです。テクノロジーが責任を強化してくれることで、私たちはより自由に、より柔軟に生きられます。

自由な発想を促す柔軟な仕事のやり方に責任のシステムをどのように取り入れるかを理解するには、「コ・ワーキング」という新しい潮流に目を向けるべきです。

コ・ワーキングの発想は非常に単純です。さまざまな業種の人たちが――フリーでも在宅勤務でも――1つの場所に集まって一緒に仕事をするのです。喫茶店でもいいですし、オフィスの中で机を借りることもできます。共同で制作するのではなく、集中力やプロ意識を育む環境を共有するのです。コ・ワーキングは、コストをかけずにオフィスの利点を与えてくれます。上司はいませんし、会議や社内政治もありません。ですが、周囲のプレッシャーがあるために全員が集中を維持できます。そのうえ、ベストプラクティスを交換できますし、まったく関わりのない人たちの間で予期せぬコラボレーションが生まれます。

トニー・バシガルポは、以前からニューヨークでコ・ワーキングを提唱し、その後「ニューワークシティ」というコ・ワーキングの空間を創設しました。今では多くのフリーランスや在宅勤務の人々が毎日この場所を利用しています。バシガルポは、アイデアの実現を仕事にしているクリエイターやアーティストには最適な環境だと言います。「1人きりでいるとあれやこれやに気を取られてしまう。それに、周囲との関わりや集中を保つモチベーションが必要なんだ」。さまざまな業種の人々が1つの場所に集まって働くことの利点と、コ・ワーキングが現代の仕事場のコンセプトを進化させていることを話すとき、バシガルポの目は輝きます。**みんな1日のコ・ワーキングで何日分もの仕事をしたような気になる、**と彼は言います。

バシガルポは、コ・ワーキングをはじめたころ、受け取ったメールにおもしろいユーチューブのリンクがあったときのことを話してくれました。ユーチューブに引き込まれそうになりましたが、コ・ワーキングの仲間が真面目に仕事に集中しているのを見て、その誘惑に打ち克ったそうです。「周りの雰囲気が、仕事を続けなくちゃいけない気にさせた。自分の行動が周りに見られている――上司でなくても、自分が尊敬する人に――のは、大切なことだ」と彼は言います。

コ・ワーキングの利点は、責任感だけではありません。バシガルポは、ビジネスチャンスとアウトプットが増えることも、そのメリットだと言います。「フリーランスの友人の多くがコ・ワーキングがきっかけで仕事をもらえたし、経験豊富な仲間から役に立つアドバイスをもらった人もいる。それからコ・ワーキングでのブレインストーミングがきっかけで会社を立ち上げた人もいる。実際、多様な才能が集まることが、コ・ワーキングの強みなんだ。同じ志をもったさまざまな職業の人が1カ所に集まることで、予期せぬ強力なブレインパワーが生まれる」

セレンディピティ（偶然の幸運）を探す

もっとも多作なクリエイターの中には、感性を保ち続けるために、時折少しの偶然に頼る人もいます。RISDの学長であるジョン・マエダがツイッターでこうつぶやきました。「多様な意見や環境は、『幸運な事故』を生む可能性を高める。セレンディピティは、違いから生まれるものだ」。新しいアイデアを生み出すときだけでなく、問題へのよりよい解決策を考えるときにも、刺激は欠かせません。自分の視点とは違う新しい考え方が脳を活性化させるのです。

過去の失敗がブレークスルーにつながったというクリエイターもいます。2008年のTEDカンファレンスで、ファッションデザイナーのアイザック・ミズラヒは、彼のデザインの多くは「失敗か、または目の錯覚」から生まれると言いました。失敗とは予期しないことなので、目を引きます。といっても、斬新なものを見つけるためにわざわざ失敗する必要はありません。ここで、実践的な手法――日常的な環境の中でセレンディピティを生み、それを利用するコツ――をここにあげてみます。

▼他の分野の専門家の中で仕事をする

多様な専門性を持つ人々と同じ場所で働くことは、予期せぬ変化を促します。異なる分野の出会いが革命的なアイデアのきっかけになることは、多くの研究でも証明されています。フランス・ヨハンソンは、著書の『メディチ・インパクト』(幾島幸子訳、ランダムハウス講談社、2005年)で、「異なる分野、文化、産業の交わるところ」に発想の爆発が起きると述べています。この本に、漁師と建築家の何気ない会話が新しい魚網のデザインにつながり、それでイタリアの漁師の捕獲高が上がったという事例があります。多様な専門性が、古い問題を新しい視点で見るきっかけをつくります。多様性のメリットを取り入れるためには、1人の隔離された環境で仕事をしてはいけません。

▼失敗を利用する

もしやり損なったら、間違ったままで少し仕事を進めてみましょう。物事を違う角度から、異なる視点で見る（これが意外に難しいのです）ためのレンズとして、失敗を活用しましょう。

もっとも有名な失敗からの発見の1つは、アメリカの大手防衛機器会社レイセオンの科学者だった、パーシー・ルバロン・スペンサーが第2次世界大戦中に発明した電子レンジです。ナチスの戦闘機を偵察するため、連合国軍のレーダーシステムを開発していたスペンサーは、発振中のマグネトロンの前に立ってしまいました。その後、スペンサーはポケットの中のチョコレートがとけていたことに気づき、この事故を解明しようと実験を進めたことから、1つの産業が生まれたのです。

もう1つの例はポストイットの発明です――これは不良品の接着剤がきっかけでした。3Mの研究室で調合されたこの接着剤は、非常に弱く不安定だったことから、一時的な接着剤というアイデアが生まれました――**欠点と思われたことが、実際には最大の強みだったのです。**

電子レンジとポストイットの発明につながった失敗は、見過ごされていた可能性もあります――シャツのポケットが汚れただけで、接着剤は捨てられて終わったかもしれません。しかし、どちらの例も、創造性豊かな人たちが、失敗を逆手に取りました。その結果、今も毎日世界中で利用される2つの発明が生まれたのです。

コミュニティに
アイデアを広める

隔離されたところでめったにアイデアが生まれない理由は、もうおわかりだと思います。アイデアを最優先させる仲間の力がなければ、発想はすぐに失われてしまいます。きちんと公開することで、アイデアは周囲の注目を集め、フィードバックや責任感が生まれます。どんなアイデアにも、関わりのある人が多く存在します。アイデアの実現に重要な役割を果たすかもしれない人たちに情報を公開し、彼らを取り込むことがあなたの仕事です。

コミュニティの力を活かせるかどうかは、あなたが周囲にアイデアを上手に売り込んで協力してもらえるかどうかにかかっています。「引き込み」の手法――人々を引き込んでアイデアを改善すること――によるコミュニティの力については、すでに述べました。ここからは次の段階、つまり「押し出し」の手法について話したいと思います。アイデア――と自分自身――をどう売り込むかが、コミュニティに与えるインパクトや協力者の広がりを左右します。アイデアを広範囲に「押し出す」能力はまた、他者のニーズや懸念をどこまで感じ取れるかにかかっています。

自分を売り込むことに罪悪感を持たない

2007年1月12日、『ワシントンポスト』紙は風変わりな実験を行いました。ワシントンDCの地下鉄の駅で、350万ドルのストラディバリウスのヴァイオリンと、世界でもっとも賞賛される有名ヴァイオリニストの1人、ジョシュア・ベルが行った実験でした。

ベルはその数日前に、安い席でも数百ドルは下らないボストン・シンフォニー・ホールで演奏したばかりでした。この冬の寒い日、朝の通勤ラッシュのピーク時のランファンプラザ駅で、ベルは普段着に野球帽をかぶり、バッハのシャコンヌやシューベルトのアヴェマリアといったクラシックの名曲中の名曲を演奏したのです。

ベルがそのすばらしい演奏を披露している間に、1000人を超える通勤客が通りすぎていきました。彼に気づいたのは1人だけで、ほとんどの人がその技術にまったく気づきませんでした。43分間の演奏で集まったお金はたったの32ドル17セント。つまり、彼の類まれな才能は、ほとんどだれにも気づかれないままだったのです。

ベルほどの才能でも、日々の通勤の騒音に勝てないのは、ある意味でとても悲しいことです。ですが、それなりの環境を与えられれば——ベルが350万ドルの楽器を演奏するという告知や演奏場所周辺の赤じゅうたんなど——みんなこのサプライズ演奏に感動していたはずです。

つまり、売り込むことは大切なのです。ですが、売り込みというとなにか悪いイメージを持ってしまいがちです。売り込む対象が自分であれば、なおさらそうでしょう。自分の能力を率直に知らしめようとすると、自慢だと思われかねません。そのため、自分勝手だと思われたり、押しが強すぎると思われるのを恐れて、積極的に自分を売り込むことに躊躇するのです。

ですが、仲間の手助けやチャンスを手に入れられるかどうかは、周囲の人が自分の資質や積極性や関心を知ってくれるかどうかにかかっています。つまるところ、あなたの活動やあなたの成功になにが必要かを知らなければ、だれも協力してくれません。ジョシュア・ベルの実験のような人生を送らないためには、ある程度の自己宣伝は必要です。**周囲の人があなたの長所を知らなければ、いつ、どこで、どのようにそれを活用したらいいか、わかるはずがありません。**

より流動的で独立した仕事のやり方について先ほど少し述べましたが、この話題を調査中に、私は「フリーランサーズ・ユニオン」という、フリーランスのためのプラットフォームを運営している組織の創業者、サラ・ホロウィッツと話をしました。当時、フリーランサーズ・ユニオンは、爆発的に拡大していて、会員数は5万5000名から1年間で10万5000名を超えるほど急増していました。独立する人はますます増え、企業の職を捨てて、より自由なライフスタイルで創造に励もうとしていました。

ホロウィッツは、フリーの人たちは業種にかかわらず、自分を売り込むのに苦労していることに気づきました。1人で仕事をしていると、マーケティング部門もなければ、販売部隊もいません。「フリーの人たちは、売り込みに半分の時間を使い、残りを仕事に使わなければなりません」とホロウィッツは言います。フリーで働く人は、きちんと売り込まなければ自分の能力を認めてもらえず、新しいクライアントも得られません。

ですが、独立して仕事をする人々には、自己宣伝とあからさまな売り込みに対する拒否反応があります。とりわけクリエイターは、「作れば後はなんとかなる」的な態度で新しいプロジェクトに取り組むことが少なくありません。絶対的な才能は賢いマーケティングに勝る、と思っているからです。

ホロウィッツは、押し売りと感性豊かなマーケティングの違いは、その意図にあると言います。「マーケティングが、誇張だと思われてはいけません。最良のマーケティングは関係を築き——学ぶことです」と彼女は言います。昼食をともにし、フィードバックを求め、お互いの情報交換を通じて関係を築くのは、よいマーケティングです。その意図が多面的だからです。相手を知り、新しいことを学ぶ過程を重んじ、その中であなたの能力を知ってもらおうとするからです。自己マーケティングとは、相互交流と言えるかもしれません。相手の目指すところを理解しようとすることで、自分の目標を知ってもらうのです。

フリーの職業人が直面するこの問題から、私たちは学ぶことができます。フリーの人には、その強みを認めて（それをさらに育てて）新しいチャンスを与える上司がいないため、自分の強みを証明する新しいプロジェクトを自ら探すしかありません。そして、フリーの人々には広報キャンペーンの担当者などいないため――フリーランスというコミュニティの特質もあり、露骨な売り込みを躊躇してしまうので――関係を築くことで自分を売り込む必要があります。フリーの職業人は、自分で自分の長所を周囲に伝えるほかありません。

組織の中にいると、だれかがチャンスを与えてくれると思いがちです。私がゴールドマン・サックス在職中に、当時会長だったロバート・キャプランは、年度末の人事評価とボーナス額にがっかりし、昇進もなく真の価値に気づいてもらえないと愚痴をこぼす中間管理職の話をしてくれました。上司を責める人たちに、キャプランは自分自身の内側を見直すよう強く言ったそうです。「自分のキャリアは、100％自分の責任だ」と伝えたのです。自分の長所を伝えることは、全員が受け入れるべき責任だとキャプランは信じていました。

他人があなたの長所を自然に受け入れると思い込んではいけません――特に上司や顧客はそうです。理想の世界では、上司はどうしたら部下を最大限に活用できるかを考え、顧客はあなたの可能性を引き出してくれるでしょう。しかし、現実には、上司や顧客は自分のキャリアを心配するのに精一杯です。自分の強みは、自分で売り込むしかないのです。

自分を売り込む責任を受け入れたら、次はチャンスを掘り起こさなければなりません。きちんとした仕事の範疇から外れた、ちょっとしたプロジェクトや仕事以外の活動の中に自分の最大の強みを証明するチャンスがあることは少なくありません。日常的に突発する小さな問題が、実は、あなたにしかない特別の強みを示すチャンスなのです。指示を待とうとせずに、なにも言われなくても自分の技術や専門能力を周囲に示しましょう。

賢い自己宣伝は尊敬につながる

アイデアを次々と形にする人々は、みな例外なく、自己マーケティングとブランディングに力を注いでいます。それぞれが自分を売り込むプログラムを開発していますが、それは読者のみなさんが想像するようなやり方ではありません。サラ・ホロウィッツも言うように、「売り込み」というとどこか「嘘っぽい」イメージがあります。多くの効果的なマーケティングが、一度限りの作られたキャペーンではなく、地に足のついた継続的なブランド育成として行われるのはそのためです。最良のマーケティングは、嫌味な押し売りではなく、尊敬につながります。

たとえばノア・ブライアを例にとってみましょう。彼はニューヨークに住むマーケティング戦略家で、ブランド・タグやライクマインドを立ち上げ、2009年には『ファスト・カンパニー』誌が選ぶ「もっともクリエイティブな起業家100人」に選ばれました。ブライアは、2004年から「ノア・ブライア・ドットコム」というブログを続けています。彼は、自分が関心を持つさまざまなトピックについての意見をここに掲載しています——脳科学、ライフハック、ビジネス、経済、創造性など、そのトピックは多岐にわたります。

彼はこのブログにマーケティングについてだけ書くのではなく、またこれをマーケティングの道具と考えているのでもありません。むしろ、ブログは今起きている出来事を共有し、意見を述べ、アイデアやプロジェクトを提案するための遊び場なのです。ブライアの意見と関心を掲載したブログは、何年もの間、デジタルメディアの最前線に立つ人たちを引き付けてきました。

ブライアにとって、ブログはファンを取り込む多くの手段の1つです。ライクマインドへの参加を通じて彼に出会い、彼を知るようになる人も多くいます。数週間に一度、クリエイターたちが世界各地で仕事前に集い、コーヒーをともにします。このライクマインドの集まりは、ブライアが独自に開発したウェブサイト上で調整されます（みんなで集まるというコンセプトは、ブライアがつながりを保つために早い朝食をともにする習慣から生まれました）。ブログと、集まりに参加する数千名ものクリエイターのネットワークのおかげで、彼は多くの尊敬を集めています。この尊敬が、「ノア・ブライア」というブランドの価値を上げているのです。

ブログやライクマインドから儲けが得られるかとブライアはよく聞かれるそうです。今のところはありません。利益は問題ではないのです。ですが、これらのおかげで、多くを成し遂げ、数多くの出会いがあったと言います。たとえば、ブログを通してPSFKドットコムのトレンド予想家であるピエール・フォークスに出会い、一緒にライクマインドを立ち上げました。ライクマインドのおかげで、ブライアはネイキッド・コミュニケーションで働くようになりました。ネイキッド在職中に恋人にも出会いました。また、ライクマインドを通して、ベンジャミン・パルマー（バーバリアングループの共同創業者兼CEO）に出会い、現在はバーバリアングループのチーフ・ストラテジストとして働いています。

多くの人々を巻き込み、自分の能力を知らしめ、尊敬を得るようなプロジェクトによって、ブライアのキャリアに勢いがついていることは間違いありません。金銭的な見返りのない自己マーケティングのプロジェクトは、これまでの――そしてこれからも――ブライアのキャリアの促進剤です。

物事のすべてがつながっていると考えるブライアは、メディア業界には大きな問題があると言います。「目に見えない利益をだれも理解できない」と言うのです。「でも、僕を訪ねて、その経験を気に入ってもらえれば、他のチャンスが生まれるんだ」。そして、**偽りなく自分を表現してはじめて、人が訪れ、尊敬してくれるようになる、**とブライアは心から信じています。

賢い自己マーケティングは、個人的に関心のあること――自分の強みを証明できるプロジェクト――からはじめるべきです。あなたの強みが活かされていれば、人々はそれを本物――努力のたまもの――だと認めるようになるでしょう。

デザイナーや写真家、その他のビジュアル分野のクリエイターにとって、作品履歴は尊敬の源です。「百聞は一見にしかず」のことわざどおり、過去の業績を集めて目に見える形で展示することは、顧客リストや履歴書を配るより、よほど効果的です。作品を見せる媒体が、個人のウェブサイトや伝統的な作品サイト以外にも拡がれば、それらの作品はさらに強力なマーケティングの道具になります。より現代的なネットワークサイト、たとえばヴィメオ、ユーチューブ、フリッカー、そして私たちのベハンス・ネットワークは、作品を他のウェブサイトに誘導したり、フォロワーに見せたりする手段になります。

インターネット上でたくさんのフォロワーを集める手法――ツイッターやフェイスブック、その他のニッチなコミュニティで――を、私は「尊敬にもとづく自己マーケティング」と呼んでいます。あなたやその作品を尊敬しているから、フォロワーになるのです。フォロワーになるということは、情報や近況を知らせてほしいという意思表示です。オフラインでも同じことが言えます。自分の強みを周囲に示し、尊敬とフォロワーを集めなければなりません。

尊敬にもとづく自己マーケティングキャンペーンを立ち上げるときには、次の順番で行いましょう。

▼自分の差別化要因を見極める

まずは、自分を周りから際立たせる長所を特定することからはじめましょう。あなたはコンピュータサイエンスやその他の珍しい分野の経験を持つデザイナーですか？　海外に住んだことや、有名クライアントの仕事で養った特殊な技能がありますか？　同業者よりも極端に若い――または年をとっていますか？　他者の視点ではなく、自分が他人ともっとも違うと思うことのリストをつくりましょう。その人なりの特徴は、どう伝えるかによって長所にも短所にもなり得ます。

▼コミュニケーション戦略を立てる

差別化の要因がわかったら、それが強みになる理由を考えましょう。コンピュータサイエンスの経験が、デザイナーとしてのキャリアにどう役立っているでしょう？　海外で暮らしたことが仕事にどう影響していますか？　年齢――やその他の特徴――がその分野で強みになるのはどうしてですか？　自分の内側を見つめて、プロジェクトや問題解決に役立つ、独自の視点を持ちましょう。

▼コミュニケーション戦略を実行する

ここまでのところで、差別化の要因リストと、それらが強みとしてどう活かされるかというストーリーができたので、ここからはそれを周囲に知らせる方法を考えなければなりません。自分の意見やアイデアを発表するブログやツイッターのアカウントを立ち上げましょう。進行中のプロジェクト、興味を持った記事、思いついたアイデア――また自分の強みがそれらにどう活かされているか――を率直に公開することが、周囲を引き込むことにつながります。周囲の人たちがあなたの長所や夢がどこからきているのかを理解すれば、あなたの努力や決意を尊敬することにもなります。職場内のプロジェクトや本職と関係のないことも自発的に買って出て、自分の強みを証明し、独自の差別化要因を活用しましょう。

ノア・ブライアにとっては、その場所が継続的な朝食会であり、いくつかのちょっとしたお金にならないプロジェクトを通して彼の考えや才能を世の中に知らしめることでした。画期的な作品サイトを開く人もいれば、非営利のためにプロボノ［自分の専門性を無償で提供する活動］の仕事をする人もいます。また地元誌に記事を寄稿する人もいるでしょう。

あなたのブランドやアイデアを多くの人に知ってもらうための戦略が決まったら、それを特定のグループにアピールするよう調整することも必要です。結局のところ、だれしも自分の利益や感性に合うものを求めているのです。

自分の周波数を見つけ、周囲に合わせて調整する

周囲の参加がなければアイデアはなかなか実現しないことは、もうおわかりだと思います。周囲の人と言っても、パートナー、潜在顧客、クライアント、批評家、マスコミ、マーケティング担当者などなど――数え上げればきりがありません。これらのさまざまな関係者について1つ言えるのは、みんながそれぞれにまったく違うということです。それぞれに異なるニーズや嗜好や懸念があるのです。クライアントにとっての関心事と、批評家やマスコミや仲間のクリエイターにとってのそれは違います。強い思い入れを持つクリエイターが千差万別な関係者みんなからの共感を得るのは難事業です。あなたのアイデアに注目が集まるかどうかは、各関

係者とつながり合えるかどうかにかかっています。

ここで、昔ながらのＦＭラジオを想像してみてください。小さなつまみを回して、88から107・9までの周波数に合わせるタイプのものです。それぞれのチャンネルが独自の周波数を持っていて、運転しながらいろいろな周波数に合わせて自分の好きな音楽を探す、あのＦＭラジオです。

では、お気に入りのラジオのチャンネルを思い浮かべてみましょう。音楽を楽しむためには、その周波数にきちんと合わせなければなりません。それが106・7なら、106・3や106・9に合わせてもほとんど聞こえないでしょうし、106・6や106・8だと雑音が入ってしまいます。あたりまえですが、きちんとそのチャンネルに合っていなければ気持ちが悪いでしょう。雑音があると音楽や歌詞を聞いて楽しむことができません。

「周波数理論」とは、人間はみな毎日の生活で独自の周波数を発信しているという考えです。あるアイデアに取りつかれているクリエイターは、強くて狭い信号を発信しています。また気持ちが1つのことに向いているときには、狭い範囲の信号しか受け取れません。優秀なクリエイターの周波数は1点に収束するため、その周波数に合わせなければ、つながることができません。**自分の周波数によって、周囲のだれとつながるかが決まるのです。**周波数の違う人々とつながるためには、コミュニケーションやアイデアの提案の仕方、また周囲の取り込み方を調整する必要があります。

知人や仕事仲間を想像してみましょう。一番親しい友人や同僚の中に、とても気が合って心が通じる人がいるでしょう。また、関係が微妙な人もいます。つながってはいるけれど、どこかぎこちない――ある程度以上は親しくなれない関係です。そして、まったくつながりを感じられない人もいます――共感するところのない人です。共感できない理由を、価値観の違いや共通点のなさだとみなさんは思っているでしょう。

似たような興味を持っている人や、アイデアへの理解や評価が同じ人に引き付けられるのは当然のことです。自分の波長で周りと付き合うのは楽です。価値観や動機が同じ人たちといれば、賛同も得られ、居心地がいいのです。ですが、それだけをしていると、周囲の力を100％活用することはできません。さまざまな波長の人とつながることで、多様なファンと持続的な市場を発見できるのです。

アイデアを実現するための最良の手段の1つは、相手の視点で見る能力を育てること――そして他者があなたの視点で見られるよう助けることです。個人とでもグループとでも、相手を理解することで、関係は深まります。相手はなにに夢中ですか？　なにを心配していますか？　この情報を取り入れるだけでも、周囲の人たちを取り込む役に立つでしょう。

ですが、このように周囲に合わせることは、どんな意味を持つのでしょう？　カメレオンのように行動することは、信念を曲げることでしょうか？　違います。波長を変えられるリーダーは、自分自身をよく知っているように映ります。膨大なエネルギーを使って別人のふりをし続けているのではなく、強い信念に動かされているのです。

さまざまな波長の人々とつながるには、周囲のニーズや信条に敏感であり続けなければなりません。自分の創作活動に没頭すると、これが難しくなります。クリエイターには、たいてナルシシスト的な傾向があります。これは現状を打破するアイデアを生み出すためには役立つ傾向ですが、他者とつながる能力を制限するものでもあります。

自分らしさや価値観を犠牲にせず相手に合わせるには、共通のメリットに注目しましょう。あなたのファンには何が必要で、あなたは何を得たいのですか？　これを知ることが、相手が受け入れやすいようにあなたの真の動機や興味を説明するのに役立ちます。受け入れやすさがつながりを生み――最終的に尊敬や協力につながるのです。幅広いファンに支持される偉大なクリエイターたちは、この周波数理論をわかっています。人の波長はそれぞれ違っていて、全員がなんらかの与えるものや得るものを持っていることに気づいているのです。目標達成のために周囲の人を取り込むための彼らの努力は、戦略的でありながら情緒に訴えるものです。

コミュニティの外にアイデアを広める

仲間との――また、コミュニティの中での――コラボレーションやフィードバックのさまざまな利点について、ここまで述べてきました。ですが、同じような志向を持つ仲間うちでの支持を得るだけでは、まだ充分と言えません。幅広い分野のたった1点だけにしか集まらないコミュニティはマイナス効果になることもあります。なんらかの大衆的なアピールがなければ、ほとんどのアイデアは行き詰まります。

イノベーションの世界には残念な事実があります。新製品の大半は失敗し、ほとんどの新会社や飲食店は2年以内に経営に行き詰まり、新しい広告キャンペーンのほとんどは目的を果たせません。マーケティングの大家ジェフリー・ムーアは、著作『キャズム』(川又政治訳、翔泳社、2002年)の中で何にでも手を出す「アーリー・アダプター」(ビジョナリー)と、懐疑心が強く、リスクをとりたがらない「マジョリティ」の大きな溝(キャズム)について述べています。(先見の明がある)ビジョナリーたちは、同じ新しもの好きの仲間が価値を認めるものに目を向ける傾向があり、それが問題を引き起こします。創造性豊かな人は、創造性豊かな人たちのために創作します。特に広告業界ではこれが顕著で、「最先端」だと言われて賞を受けるキャンペーンが顧客のニーズに合わないことは少なくありません。結局、賞の審査員はアメリカ中流層の平均的な消費者ではなく、クリエイターたちなのです。孤立した1つの周波数に集う人々は、その分野については高い感度を持っていますが、アイデアを試すにはこれがあだになるのです。効果的な広告キャンペーンを模索する企業の中には、受賞歴のある制作会社を避け、より地に足のついた(おそらくそれほど創造性の高くない)、大衆との接点を失わない商業的な視点を持つ制作会社を選ぶ企業もあります。

新しいアイデアを思いついて実行する場合、あなたの期待や嗜好や視点を現実的な目で見つめることが必要です。アイデアを共有しフィードバックを得るときには、居心地のいい周波数だけにとどまっていてはいけません。世界でもっとも生産性の高いクリエイターやクリエイティブチームの多くは、その垣根を超える戦略を見つけています。

1つの賢いやり方は、**創作プロセスに多様性を織り込むことです。**批判的でリスクを嫌う少数のアドバイザーやメンバーを入れることで、チームの毛色が変わり、「アイデアに毒される」ことも減るかもしれません。現実的な難問をぶつける人と働くのは疲れますが、アイデアを前進させるためにはこれが必要なのです。

また、「母親にアドバイスを求める」ようなやり方をとる人たちもいます。母親はたいてい批判的というわけではないのですが、中立的か無関係な相手に訊ねてみることも、アイデアの魅力を測る賢いやり方の1つです。普通の人はあなたと同じ物の見方をしているでしょうか？　一般の人たちは、あなたが提供する価値を理解できるでしょうか？

もう1つのやり方は、**アイデアを1週間ほど寝かせてみてから、実行に移すかどうかを決める方法です。**発想から行動までの休止期間に、創作への熱意が消えることもあれば、増すこともあるでしょう。すぐに実行にとりかかれば、そのうち消えたかもしれない熱意をとどめておけるかもしれません。ですが、そのような場合、クリエイターたちは、かんばしくない結果に終わりそうな中途半端なアイデアを追いかけることになりかねません。それよりも、アイデアが時の経過に耐えて生き延びるかどうかを見守る時間を設けましょう。1週間もすれば、そのアイデアには将来性がないと気づくかもしれません。そうすれば、あなたの貴重なエネルギーを浪費せずにすみますし、目を向ける価値のある他のプロジェクトに力を注ぐことにもつながります。

1人ではないことに気づく

プロジェクトに周囲の人を引き入れるなら、クリエイターに共通の、「自分だけに頼る姿勢」を見直す必要があります。多くの起業家やクリエイターは、子供のころ、うるさい兄弟や家族の干渉から離れて、1人で遊び、創作にいそしんだ思い出を持っています。この自立心が創造性を育んだとも言えるでしょうが、規模の拡大や、支援者の取り込み、チームづくりには、これがマイナスになるのです。

自分でなにかをはじめる人は、たいていなにもかも、1人でうまくこなしています。しかし、1人でできること以上の拡大が必要になると、自分だけの成功から、チームの成功へと飛躍できない人が少なくありません。

自分1人のアイデア実現から、チーム創作への移行には、痛みが伴います。自分を導くスキル（主なものは自立心）は、他者を統率するスキルとまったく違うものです。どんな仕事も自分なら一番うまくやれるのに、それを他人に任せ、達成を分かち合い、「見て見ぬふりをする」ことを強いられるのです。

規模拡大への障害を示す最初の兆候は、他の人でもできることを自分でやってしまうことです（もちろん、自分の方がうまくできるからですが）。主任デザイナーや、創業者や、代表建築家がすべての問い合わせに直接応えることが理想でしょう。ですが、そんなことをしていると、リーダーにしかできない仕事ができなくなってしまいます。クリエイティブなプロジェクトのリーダーは、まず自分にしかできないこと——他人に任せられないこと——に集中すべきです。

クリエイティブなプロジェクトの創始者や発起人は、チームの前でも自分1人がその所有者のように考えたり振る舞ったりしがちです。ですが、所有感を共有できなければ、周囲の人は心を注いでくれなくなります。お金の問題ではなく、気持ちの問題なのです。1人だけが、問題解決のために深夜まで考えたり、チャンスをどう活かすか悩んだりするだけでは充分ではありません。信頼や責任や報酬を分け合うことで、チームのみんなを所有者として取り込むことが必要です。

自立心旺盛なリーダーに共通のもう1つの問題は、仕事の質を上げるためにみんなで学習するよりも、メンバーに仕事を終わらせてほしいと望んでしまうことです。ですが、あなたのもとで働いている人は、お金以上のものに興味があるかもしれません。専門性を身につけたいと思っているのです。あなたは、リーダーというだけでなく、教師にならなければいけません。

仕事の範囲を超えていても、興味があることに取り組む機会を部下に与える必要があるのです。

どんな偉大なクリエイティブプロジェクトも、1人の力で成功する（生き残る）ことはありません。アイデアを実現するには、規模の拡大に合わせてあなた自身も成長しなければなりません。

第3章

統率力

ここまでは、整理実行の仕組みとコミュニティの力がアイデア実現に果たす重要な役割について述べてきました。ですが、1人のカリスマ的なクリエイターとしてではなく、リーダーとして**クリエイティブなプロジェクトの質と規模は、最後はみなさんの統率力にかかっています。**プロジェクトを管理してはじめて、アイデアが実現できるのです。

クリエイティブの世界には、リーダーシップの概念がぽっかりと抜け落ちています。インセンティブの不一致やチームの相性の悪さ、また管理の矛盾などから、プロジェクトが混乱したり、チームがばらばらになったりするのは日常茶飯事です。チームを統率するときの障害の多くは、人間の本質からくるものです。私たちは、アイデアの質（や支配権）について妥協したくないという気持ちから、他者にすべてを任せることができません。現状を変えようとするときに抱く不安や懸念から、適任者を選び損ねたり、健全な判断ができなかったりします。失敗したときに、その経験から学び、能力を向上させる貴重な機会を逃すことも少なくありません。

リーダーシップは、現場の経験からしか育ちません。試行錯誤を繰り返し、いいときも悪いときも経験しながら、私たちはよりよいリーダーになっていくのです――ですが、自分が失敗しやすい「とき」や「理由」に気づいてはじめてそれができます。この章では、読者のみなさんの参考になるような、クリエイティブ業界の偉大なリーダーのベストプラクティスを紹介します。統率力は現場の経験によって磨かれますが、常に自分の思い込みを疑い、他人と自分の手法を比べる必要があるのです。

まず最初に、プロジェクトを左右する報酬システムについて見てみましょう。長期的なビジョンを掲げるだけでは充分とは言えません。自分のやる気を保つインセンティブを見つけると同時に、他者をやる気にするインセンティブも見つけることが必要です。数多くの有力な起業家やリーダー、たとえばグーグルのクリエイティブディレクターであるジ・リーはそのいい例です。次に、クリエイティブなプロジェクトに特有の雰囲気について述べ、IDEOのシニアパートナーであるディエゴ・ロドリゲスのようなリーダーがチームをどのように築き、維持しているかを紹介します。他者の統率法について話した後、最後に自分の内側に目を向けます。リーダーシップの最大の障害は、自分の中に潜んでいます。経験から学ぶ姿勢や、リスクをとる勇気は、非常に個人的な自覚から生まれます。他者を導く努力を重ね、また自分自身をもよりよく導くリーダーにならなければなりません。

「働く見返り」を見直す

私たちはみな未来への展望を抱き、遠い将来の夢を実現するために日々の努力があると考えます。ですが、現実にエネルギーをどう使うかは、生活に密着した目先の見返りに大きく左右されます。私たちが考えるアイデアや、身につける知識、達成する仕事は、周囲の要求——とすぐに満足を得たいという自分自身の欲求——に、深く影響されているのです。

ドイツ人の哲学者、フリードリヒ・ニーチェは、かつて「本当の自分たれ」と説きました。先を読めるクリエイターやアイデアを形にする能力についても同じことが言えます。長期的な目標をかなえる力は、現状維持によって簡単に手に入る短期的な見返りと相反するものです。アイデアを形にする——そして何度もそれを繰り返す——ためには、生まれつきの傾向や目先の利益に打ち克つことが必要なのです。

報酬制度を根本から見直す

現代の教育システムは、幼いころから、アイデア実現の能力を妨げるような短期的な見返りのシステムを刷り込みます。小学校ではAを取るためにテストの勉強をします。成績がよければ先生から認められ、親からは褒められるでしょう。テストが返されても間違いを見直すことはほとんどありません。新しい章がすでにはじまり、次のテストが迫っているからです。そしてずる賢く考えるようになり——テストに出ることだけを勉強して——よい成績を取ることだけを目標にするのです。

就職すると、成績は、給料や人事評価や昇給の可能性やボーナスに変わります。目標と見返りがはっきりしたプロジェクトを渡されれば、それだけエネルギーを使わずにすみます。大企業の報酬制度は、経営陣が設けた枠から社員が道をふみ外さないよう設定されています。それに従っていれば、職を失くこともなく、現状の中で安定を確保できるでしょう。

ですが、長期の目標を目指したり、普通ではないことに挑もうとするとき、この傾向は障害になります。流れに逆らって大胆なアイデアに取り組む力を奮い立たせ、それを可能にするための段階的な報酬制度を築くのはますます難しくなっています。そのアイデアがどんなに有望でも、短期的な見返り――クビになりたくない、認められたい、昇給してほしいといった願望――が常に私たちを悩ませ、注意を逸らせ、別の方向に力を向けさせるのです。

人間はみな、新しいものに引かれます。目標が新鮮なうちは、その他の懸念には目をつむり、アイデアに集中することができます。ですが、それを実行する段階になると――厳しい現実が目の前に現れると――その魅力は薄れ、将来の夢への努力も尻つぼみになります。そこにとどまることへの見返りが目の前になければ、進歩や成功の可能性を疑いはじめるのです。

画期的なプロジェクトの過程で、チーム（とあなた自身）を上手に仕切るには、従来の報酬制度に頼らないやり方を見出すことが必要です。生まれ持った性質に逆らうのではなく、短期的な視点を転換するのです。そのためには、2つの相反する考え方を同時に持たなければなりません。

▼伝統的な見返りを求めない

短期的な見返りを求めないということは、いわゆる「成功」と見なされない状態が続いてもいとわないということです。居心地の悪い価値観を受け入れ、軽率だと思われたり、思慮がないと思われても気にしてはいけません。私が出会ったある起業家は、伝統的な投資家が自分たちのアイデアを疑うと、自信が持てると言います。そうした懸念は、自分たちがただのものまねでなく革新的だという証拠であり、自信につながると言うのです。

これまでの慣習に逆らって従来的な報酬を求めないのは心理的にも経済的にも難しいことですが、長期的に成功するためにはこれが欠かせません。そうしなければ、すぐに認められたいという願望に負けて、長期のプロジェクトを遂行することはできないでしょう。

▼段階的な報酬制度を設けることでやる気を維持する

人間の本質に逆らって、意志の力だけでやる気を維持できればそれに越したことはありませんが、実際には助けになるものが必要です。偉業を成し遂げるためには継続的な一連の見返り——成績や、給料や承認にかわる心理的なもの——を設けて、それを利用すべきです。たとえば、学んだ教訓に対して賞を与えたり、創作の過程にゲームを組み込んだり、なにかを達成した節目ごとにプレゼントを贈ったりして、自分にご褒美を与えることが大きな違いにつながります。

私が取材したある起業家は、自分の会社のグーグル検索数が増加していくことが、自分たちを励ます毎日のご褒美になったと言いました。長期的なプロセスの中の進歩を示す一連の小さなご褒美を設けるには創意工夫が必要です。

人はだれしも、自分の中に深く根づいた目先の見返りを無視したり、それから完全に逃れることはできません。ですが、なにが自分をやる気にさせるかに気づき、それを利用して長期的な努力を維持することはできます。ここで、報酬に変わるいくつかのご褒美を紹介します。

▼ハピネスはそれ自身がご褒美

あなたがインターネットの利用者で、かつ裸足で生活しているのでなければ、ザッポスの名前を耳にしたことがあるはずです。ザッポスはネットバブルの最中に生まれ、最大のオンライン靴小売企業になりました。この会社は、半ば狂信的といえるほどサービスに力を入れていま す。その成功の要因は間違いなく企業文化にあり、そのおかげで２００９年には『フォーチュン』誌の「働きたい企業１００社」の23位に選ばれました。

「サービスこそ原動力（パワード・バイ・サービス）」がザッポスのモットーです。私がネバダ州ラスベガスの本社を訪れたとき、付き添ってくれた社員ははっきりとそれを言葉にしました。「私たちの商品は顧客サービスです。たまたま靴を売っていますが、どんなものでもいいのです……航空会社にもなれますよ」

顧客サービスを企業使命の核にする企業にとって、社員の献身と満足は非常に重要です――

そして、ザッポス社員の士気の高さは伝説的です。本社の広々とした廊下を歩いている間、その企業精神の表れに感動したほどでした。さまざまな部署の前を通るたびに、社員がそれぞれに工夫したおもてなしをしてくれました。子供靴のチームはポンポンを振ってくれました。アパレル部門は鈴を鳴らします。社内コーチのヴィクは王冠をかぶった私の写真を撮り、VIP用の壁に貼りつけてくれました――ザッポスを訪れる人全員にこの壁は開放されています。ヴィクは「サービスがすべてのザッポスにとっては、だれもがVIPなんだ」と説明してくれました。

ザッポスのCEO、トニー・シェイは企業文化の旗ふり役でもあり、講演会やブログやツイッターで積極的に自分の考えを広めています。シェイは、ハピネスこそサービス企業の屋台骨だと心から信じています。

ザッポスの社員はほとんど辞めません。辞めるとすれば、お金をもらって辞めることがほとんどです。ザッポスは新入社員が研修期間中に辞められるように、研修期間の給料を一括して前払いしています。社員が本当にハッピーでなければ、顧客を幸せにできないと考えているからです。

社員研修や社内表彰、福利厚生などにも、その精神が貫かれています。すべての取り組みは、ハピネス――スポーツで気分が一瞬だけ高揚する感覚ではなく、人生の中で前進することや、達成を祝ってもらうことからくる深い満足感――を追求することにあるのです。

ザッポスは、社員持株制度や業績にスライドしたボーナス制度をわざと設けていません。ほとんどのスタートアップ企業では、社員持株制度や複雑な報酬制度を設けて、社員の中に共有意識を育む努力をしています。シェイは、持続的な文化を創ることが、その答えだと確信しています。

「ほとんどの企業は、社員の一番の動機がお金だと思ってるんだ」とシェイは言います。「でも、社員に訊くと、お金は4番目か5番目で、企業文化や上司、仕事内容、会社の使命や夢に対する共感の方が上なんだ。私たちがシリコンバレーを離れてよかったことの1つがそれさ。あっちだとみんな『4年働いたら億万長者になって引退するぞ』っていう感じだから。ここの社員は会社の長期的なビジョンを心から信じているし、これがただの仕事じゃないと感じている。結局、社員のために最善を尽くせるかどうかが大切だし、ザッポスではお金じゃなくハピネスを最大化しようと努めてるんだ」

ザッポスでは、ハピネスが、上限もなくコストもかからない報酬です。企業文化の核となる価値観であるばかりか、資金を開放し、それを他のこと――お客様に喜ばれるよう価格を下げたり、配送費を無料にしたりする――に使うことができます。**ハピネスはこの会社のもっとも価値ある通貨なのです。**

アイデアを前進させるためには、これまでにないご褒美を利用して、自分を――そしてチームを――長期のプロジェクトにつなぎとめなければなりません。進歩に対する従来の見返り

――金銭報酬や昇進――は、アイデア実現の初期の段階では与えられないかもしれません。ハピネスに注目すると、追いかける目標の種類も変わり、採用や人材管理も変わるでしょう。

遊びの要素を取り入れる

コンデナスト社が発行する金融月刊誌『ポートフォリオ』が、2008年の終わりに「ウォール街の死」という特集を組んだとき、編集者は大きな難問に突き当たりました。表紙をどうするかです。世界中のあらゆるメジャーな新聞や雑誌は、金融危機とウォール街に蔓延する不正や無責任な行為を取り上げていました。今の経済を象徴するビジュアル的アイデアは底をついていました。新鮮な視点が必要になった編集チームは、ジ・リーに依頼したのです。

クリエイティブなプロジェクトの経験にかけて、ジ・リーの右に出る人はいません。彼は、グーグル・クリエイティブ研究所のクリエイティブディレクターとして、グーグルマップやクロームなどの開発と宣伝を担当し、またグーグルに刺激された世界中の人たちからクリエイティブなプロジェクトを集めたウェブサイトのグーラリー（グーグルとギャラリーを組み合わせた言葉）を立ち上げました。職場以外でも、ゲリラアートやイラスト、そして広告キャペーンを成功させてきました。

もっとも有名なリーの作品は、バブル・プロジェクトでしょう。彼は、ニューヨークの街中に掲示されている広告に、何も書かれていない漫画の吹き出しを貼っていきました。リーは、「空の吹き出しに、通行人がなにか書いてくれると思ったんだ」と言います。このプロジェクトは、退屈で押しつけがましい企業の独り言を、市民の対話に変えました。2002年にはじまったバブル・プロジェクトはあっという間に世界中に広がり、その他の広告批判者たちも同じような遊び心のある手法を取り入れて、ゲリラ的な発言を促したのです。ブロガーだけでなく、テレビや新聞のジャーナリストもこのプロジェクトに注目し、書き込みを収めた写真とともに『バブル・プロジェクト』(*Talk Back*)として出版されました。

リーが最近取り組んだのが、「ワールドトレードセンターのロゴ保存プロジェクト」です。これは、9・11の同時多発テロ以前のワールドトレードセンターの姿が入ったロゴやデザインの写真を収集する取り組みです。バブル・プロジェクトと同じく、ワールドトレードセンターのプロジェクトも、参加者が率先して9・11以前の懐かしいロゴを探して写真に撮る、開かれたコラボレーションになりました。

さて、コンデナストの「ウォール街の死」特集号の表紙ですが、リーはウォール街の中心部にある、「チャージング・ブル」と呼ばれるアーチュロ・ディ・モディカ作の雄牛のブロンズ像の死を思い浮かべました。それが、小雪のちらつくニューヨークの街中に死に絶えて横たわる牛の銅像の写真になったのです。

リーは、注目を集める手法で次々とアイデアを送り出している、多作なクリエイターです。

アイデアの豊富さでは他のクリエイターもひけをとりませんが、実行力の面で、リーは常に世の中を驚かせています。プロジェクトを最後までやり遂げる秘訣は、オフィスの中でも外でも、「遊びの要素を取り入れる」ことです。バブル・プロジェクトでは、リーはあえて名前を伏せ、大手メディアはそのことに興味をかき立てられました。ワールドトレードセンターのプロジェクトでは、ゲーム感覚で、1日に必ず1つロゴを見つけることに決めました。「ゲームだと物事が単純になるし、みんなが参加し続けてくれるんだ」と、リーは言います。

遊び心はやる気を保つ助けになりますし、リーダーにとってはこれが必須の武器になります。グーグルでも、視覚映像学院で教えているときも、リーはゲームを利用して、学習と創造とやる気を促しています。彼が学生や仲間とよくやる遊びがリンクの交換です――異なる視点を与えてくれるちょっとした発見を教え合うのです。すごく気が利いていて、興味をそそるリンクやびっくりするようなリンクを競って探し出すゲームです。この遊びは楽しいだけでなく、よく考えられたものでもあります。「心から楽しめるし、日常業務を離れてまったく違うことに頭を使うのはすごく大切なんだ」とリーは言います。「それが創造力を働かせるっていうことさ」

取り組みを持続するためには、実行するプロジェクトのバランスが大切だとリーは言います。「取り組みが偏っていると――個人的なことばかりだったり、仕事だけだったりすると――行き詰まったり、飽きてきたりする」。リーはいつも複数のプロジェクトに同時に取り組みます――仕事関係では4つまで、個人的なものは6つまでと決めています。プロジェクトの開始から、リーは遊びの要素を探し、それをプロジェクト全体の核に据えます。利用する媒体、プロジェクト名、協力してくれる仲間といったすべてに、プロジェクトを魅力的にする遊びの要素を取り入れるのです。

クリエイティブなプロジェクトを率いるときには、**自分とチーム全員のやる気を持続させ長期間飽きさせないような遊びの要素を取り入れましょう。**どんなプロジェクトにも、勢いがなくなる停滞期があります。トニー・シェイがハピネスをご褒美にしたように、ジ・リーは目先の見返りを与える仕組みとして、遊びとゲーム感覚をあらゆるプロジェクトに取り入れます。リーは、遊びや楽しさに注目することで、次々とアイデアを生み出し、それを形にするまで長期間取り組み続けます。だれもが持つ楽しいことへの欲求を、努力や進歩を促すための強力な力として活用すべきです。

仲間の貢献を認める

組織のトップがプロジェクトの所有権と手柄を独り占めすることでは悪名高い業界の中で、REXの社長であるジョシュア・プリンス-ラマスはまったく違う意識を持つ建築家です。自社の大規模プロジェクト、ダラスのディー・アンド・チャールズ・ワイリー劇場のこけら落としの場で、そこに集まった人々は、ラマスが人気の新進建築家として注目を独り占めするような大げさなスピーチを行うと期待していました。ですが、壇上に登った彼の伝えたいことは違ったのです。「これは私たちの作品であって、私1人のものではありません」『ファスト・カンパニー』誌によると、ラマスはこう続けたそうです。「天才的な建築家などというものは、幻想にすぎません。建築は献身的な人々が集団で力を合わせてこそできるものです……成功とは天才がつくるものではなく、地味な努力の積み重ねから生まれるのです」。しかも、彼の言葉はうわべだけのものではありません。REXのクライアントの一社が、建築物の制作者としてラマス1人の名前をパンフレットに印刷してしまったところ、彼はプロジェクトに関わった建築家全員の名前をアルファベット順に載せてもらうためにパンフレットを印刷し直すよう頼んだのです。

この「全員参加」のアプローチは、よくある手柄の独り占めとは対照的です。数年前になりますが、私は成功を収めつつあるスタートアップ企業のマーケティング責任者と知り合う機会がありました。彼――仮にトーマスとしましょう――は、いくつものスタートアップ企業の立ち上げに関わり、自己中心的なCEOたちをこれまで相手にしてきました。「だいたいみんな同じさ。アイデアのすばらしさが証明されると、CEOは鼻高々になる。物事がうまくいかないと、他人のせいにする」と彼は言います。そして、少しこわばった様子でこう付け加えました。「僕たちのCEOはすごい人だ。本当にクリエイティブなんだ。だけど、成功すると絶好調になるのに、大きな問題が起きたときだけチームに泣きついてくる」

トーマスの話は、上司が手柄を全部独り占めする典型的なトップダウンの環境ではよくあることです。プロジェクトの成功への貢献を認められることは、参加者への最大のご褒美です。ラマスや私が取材した多くのリーダーたちにとって、成功は自分だけのご褒美というだけではありません。それはチーム全体で分け合う、大切な通貨なのです。手柄の共有を妨げるものは、リーダーのエゴにほかなりません。

財務的な余裕があろうがなかろうが、仲間の力を認めることは強力な報酬であり、それがアイデア実現への貢献者をさらに取り込むことにつながります。

チームの雰囲気を上げる

チームの雰囲気を上げることは、報酬制度を見直すのと同じくらい、プロジェクトを勢いづかせるのに効果的です。リーダーは、各プロジェクトの雰囲気を調整する幹事であり、それはチームメンバーの採用にはじまります。生産的な仕事環境を育むためには、柔軟性と期待、発想と実行、前向きな対立と合意のバランスをうまく取らなければなりません。チームの雰囲気は、メンバーの適切な調和を保ち、アイデア実現のためにきめ細かく調整するリーダーの能力を反映するものです。

私がトニー・シェイを訪問してわかったのは、社員の文化的な相性と顧客サービスへの熱意が、技術的な能力と同じくらい大切だということでした。この価値観の例として、シェイは、ある中心的な技術者——役員級の人材——を採用し、ロサンゼルスからザッポスの本社があるラスベガスに連れてきたときの話をしてくれました。いくつかの重要な技術面での問題を解決するためにやってきたこの技術者は、顧客サービスに直接関わる気はまったくないと断言したのです。ザッポスは彼を解雇し、そのことで多額のお金を支払うことになりました。どうしてそんなことをしたのでしょう？　ザッポスでは顧客サービスに関心をもつことがあたりまえで、それが企業ＤＮＡの核になる要素だからです。

卓越したクリエイティブチームを創るためには、技術的な能力以上のものに目を向け、アイデアを偉業に変える文化を育てなければいけません。

率先して働く人（イニシエーター）を引き入れる

熱意と才能を持つ人材を集めてチームを築くことは、リーダーにとって最大の挑戦です。履歴書からは、その人の真の資質はわかりません。本当に優秀なリーダーは、経験だけに注目するのではなく、自発性を重んじます。

たとえ時期尚早であっても興味があることにどんどん飛びこんで行く人たちは、チームの原動力になります。アイデアを実現させるには、膨大なエネルギーと持続力が必要です。当然ですが、新しいアイデアに関心を持つだけでは充分ではありません。常に率先して働く人は、粘り強いだけでなく、暇になると焦ってしまいます。

将来の自発性を示す一番のヒントは、過去の自発性です。たとえば、採用の候補者が大学で天文学クラブの部長をした後、貧困地域の若者に天文学を紹介する非営利組織の立ち上げを手伝ったとしましょう。たとえプロジェクトが天文学に関係なくても、彼の興味を刺激することができれば、この候補者は自ら率先して他の人たちを引っ張ってくれるでしょう。こうした人たちは興味を引かれると自分からどんどん物事を進めてくれるので、私は彼らを「イニシエーター（率先者）」と呼んでいます。

「プライスライン」など、特許を取得したイノベーションを数多く開発してきた研究開発企業、ウォーカー・デジタルの社長ジョン・エレンタールについては、すでにこの本でも紹介しました。エレンタールとその仲間は、スターではなくイニシエーターを採用することに誇りを持っています。「私は、生まれつきモチベーションの高い人たちを採用しようといつも心がけている」とエレンタールは言います。「人になにかをやらせるために自分の時間を割きたくないんだ。**みんなが自分のこととして仕事に取り組まない限り、アイデアは実現できない**」。エレンタールは、イニシエーターを発掘することに、なによりも力を注いでいます。「以前は経歴ばかり気にしていたけれど、今は率先してなにかをはじめた経験や、なにかせずにはいられないというやる気を見るようになった」と言うのです。

クリエイティブプロジェクトのためにチームを召集する際には、候補者の真の関心事――それが何であっても――を探り、その人が関心事をどこまで追いかけたかを評価しましょう。興味と行動を知るのです。もしイニシエーター――情熱を持ち、アイデアを出し、それを行動に移す人――に出会ったら、その幸運を逃してはなりません。本物の率先力を持った人の集まりは、他のなによりもアイデアの実現を助けます。

補完的なスキルを育てる

イニシエーターの集団を築くのと同じくらい重要なのは、専門性を補い合う関係を育むことです。デザインコンサルティング会社、IDEOのシニアパートナーであるディエゴ・ロドリゲスは、「T」字型の人材――横線の長さは経験の幅を表し、縦線の長さが専門性の深さを表す――という表現をします。「IDEOでは、T字型の人材を採用し、チームを築く」とロドリゲスは話してくれました。チームメンバーそれぞれが、コラボレーションやチームワークができる幅広い能力を持つと同時に特定分野――グラフィックデザイン、ビジネス、電子工学など――に高い専門性を持つことが理想だとロドリゲスは言います。「T人材でチームを構成するメリットは、専門性を突き詰めながら、その垣根を越えて協力し合えるところだ」

IDEOの成功はお互いを尊敬する企業文化と、卓越を目指す志のたまものだとロドリゲスは言います。T人材の考え方は、アイデアを生み出すプロセスにおいて真の実力主義の実践につながるものです。チームメンバーが幅広い知識や企業文化を共有し、違う分野の専門知識を持つ仲間の提案を真剣に考慮するときにこそ、IDEOが実践する高速の試作品作りがより役立つのです。

IDEOは、ヒューレット・パッカードよりもエレクトロニクスに精通しているわけではなく、バンク・オブ・アメリカよりも銀行業務を知っているわけでもありません（2社ともIDEOのクライアントですが）。IDEOが持つ専門知識は、おそらく顧客も持っているものでしょう。大きな違いをもたらすのはチームの相性なのです。

IDEOのチームは、作業フローやリーダーシップという点で、ライバルに差をつけています。IDEOのさまざまなプロジェクトチームは、慎重な採用と相互理解のおかげで、他社では日常茶飯事のメンバー間の衝突がありません。異分野混成チームにありがちな誤解や自己中心的な行動に妨げられずに、アイデアを追求できるのです。

真に生産性を上げるために、柔軟に取り組む

作業の流れに関するルールや規範を定める際には、みかけの勤勉さではなく真の生産性を

上げることを心がけましょう。管理職は勤勉さを勤務時間の長さと混同しがちです。勤務時間の長さで仕事を評価するのは簡単で客観的なので、ついそうしてしまうのです。ですが、これではクリエイティブな作業の流れを妨げ、結局士気を低下させてしまいます。現実には、アイデアは突発的な力によって実現されるものです。

終業時間まで自分の机につくよう強制されることは、工場のような文化につながります。これは、アイデアの発想と人間の本質の基本原則に反するものです。まず、頭が疲れていると、人間はうまく考えられません。次に、アイデアは思いがけないときに生まれます。最後に、能力以上のことを強制されると、仕事がいやになります。

クリエイティブなチームは、勤務時間に目を向けるのではなく、透明性を重視し、メンバー間の基本的な信頼を築くことに努めなければなりません。リーダーは、部下を締めつけるためではなく、効率を上げるためにルールや規範を作るべきです。そして取った行動や結果の質といった目に見える効果を評価すべきです。

机についていることがすなわち生産性だという古い考え方を、きっぱりと捨てた企業もあります。ベストバイ、ＩＢＭ、サン・マイクロシステムズやその他の大企業は、机についている時間よりも結果にもとづいて業績を評価するＲＯＷＥ（結果主義）のプログラムを実施しています。ＲＯＷＥの職場では、勤務時間ではなく具体的な目標の達成度合いによって報酬が決まります。共通の目標が達成されている限り、働く場所や働き方を社員の裁量に任せることが、最終的な目的です。そうすれば、上司が部下のスケジュールを管理したり、出社時間や退社時間を気にせずにすみます。

『ビジネスウィーク』誌に掲載されたギャラップ社の調査によると、ベストバイの社内でROWEを採用した部署の生産性は平均で35％も上昇したばかりか、社員の満足度も向上したそうです。自分の判断や裁量が尊重されれば、社員は活躍するということの表れです。

職場の柔軟性は、ややこしい問題です――**チームワークのよさも大切ですが、ある程度の緊張感を保つことも必要だからです**。自主性が必ず正しい目的に使われるという信頼と約束を全員が共有しなければなりません。さらに、自由な環境で仕事をうまくこなしていくには、具体的な一連の目標を定め、それを継続的に見直すことも必要です。それぞれの目標や方向性が違っていたり、きちんと管理されていない場合には、ROWEやその他の不干渉経営の試みは悲惨な結果に終わります。管理職の多くは、チームと共に目標を設定し、繰り返しそれを見直すことができていません。チームが目標に達しない場合には、上司がそれに正面から対処することが必要です。

チームの自主性に任せることがどうしてもできないという人は、その真の原因を自分に問いかけてみるべきです。もしかしたらプロジェクトに賭けるチームの熱意を疑っているのかもしれません。あるいは、目標や仕事が具体的でないのかもしれません。リーダーがチームの熱意や能力に自信がないと、締めつけを強めることでそれを補おうとします。そうではなく、リーダーは根本的な原因を突き止めるべきです。チームの熱意を疑っているのなら、その理由を詳しく考えてみましょう。きちんとした動機づけがされているでしょうか？　はっきりと口に出せない懸念があるのでしょうか？　メンバーは一番得意なやりがいのある仕事を任されていますか？　多くの小規模なチームやスタートアップ企業は、あいまいな目標に悩まされます。よくある解決策は、10分ほど立ったままミーティングを行い、全員が現在の作業目標や締切を見直すことです。また、達成すべきことのリストを全員に見えるよう壁に張り出すのも効果的です。ちょっとした確認――壁を見るだけ――によって、チーム全員が、優先事項にもう一度注目できます。

尊敬されるリーダーは、チームの雰囲気に細かく気を配り、優先事項がみんなに明らかになるように注意し続けています。リーダー自身の不安から、成功に必要な自主性をチームに与えていないことが少なくありません。

免疫システムを育て、弱いアイデアを淘汰する

チームの雰囲気がいいと、新しいアイデアが生まれやすいだけでなく、弱いアイデアが排除されやすくなります。人間の体内では、免疫システムが有害なウイルスやバクテリアを殺す重要な役割を担っています。免疫システムがなければ、病原菌の侵略から身体を守れません。プロジェクトの進行中に新しいアイデアが生まれると、進行中のものが棚上げになる危険があり

ます。新しいアイデアを放棄する能力は、生産性の向上と既存プロジェクトの拡大に欠かせません。懐疑派――アイデアに飛びつかず、まず疑ってかかる人たち――は、チームにとっての白血球です。懐疑派が私たちの機能を正常に保ち、本筋にとどめてくれるのです。

アイデアにけちをつけたがる人を雇ったり、そういう人と協力したり、仕事を任せたりしたくないとだれしも思いがちですが、実はこうした人々こそ生産的な環境には必要です。アウトドア衣料企業のパタゴニアのCEOであるマイケル・クルークは、あるカンファレンスでこう言いました。**「僕にもっとも近しい人たちは、みんな私に反対します」**

チームの免疫システムを育む際には、懐疑派と皮肉屋を区別しなければなりません。皮肉屋は自分の疑問に固執して、それを変えようとしません。反対に、懐疑派は、新しいものを喜んで受け入れます――ただ最初は慎重で批判的な見方をするだけです。懐疑派は軽んじられることが少なくありませんが、健全なチームには欠かせないメンバーです。リーダーは彼らへの尊敬とその影響力を強化すべきです。

もちろん、時にはチームの免疫システムを抑制し、制約のない白紙の状態で――懐疑的にならずに――アイデアに取り組むことも必要です。そのような場合、懐疑的なメンバーは自分の役割を知り、それに添った意見を言うべきです。

最大の難問は、新しいアイデアの創出と既存の取り組みへの集中を両立させることです。生産を開始したとたんにあらゆる創造性を排除する大企業のようになっては困りますが、新しいアイデアや機能を全部詰め込もうとして結局完成まで行きつかない、未熟なスタートアップ企業のように行動してはいけません。適切なバランスをとるとは、プロジェクトを進行させながらアイデア創出のためにある程度の時間を割くということです。1つのやり方は、ブレインストーミング中のアイデアは残し、プロジェクト実行中にばらばらと生まれるアイデアを捨てることです。チームの中の懐疑派は、これを助けます。もちろん、予期せぬときにすばらしいアイデアを思いつくことはありますが、それでも実行中のプロジェクトを優先するに越したことはありません。このやり方なら、もっとも有力なアイデア――深く考える価値のあるもの――だけが残ります。

ブレークスルーのために闘う

どんなプロジェクトにも対立はつきものです。それはよい兆候で、アイデアやプロセスを磨くすばらしいチャンスでもあります。摩擦が不満を引き起こしても、それを管理できるなら長期的にはプラスです。優秀なチームリーダーは、摩擦を歓迎し、これを情熱的なクリエイターの多様な意見の発露と捉えます。**チームの中でよい雰囲気が育まれていれば、意見の対立を利用して、そうでなければ得られない価値ある知恵を育てることができるでしょう。**

対立に利点があるのはわかっていても、それを避けようとするのが自然な感情です。対立が激しくなると、完全に引いてしまうことは少なくありません。

対立は簡単に起きます。どんな問題にも複数の回答があり――良いものも悪いものもあります。多様なチームメンバーには、さまざまに異なる意見があるでしょう。もっとも権力の大きな人や経験豊富な人が決定権を持つことは少なくありません。反対意見は自由に言えても、対立が続くと結局引くこともあります。対立は異なる視点の副産物であり、それを無気力の種にしてはいけません。

争いは居心地の悪いものですが、正反対の視点がもたらすメリットもあります。問題の解はたいていAとBの中間地点にあるはずです。対極にある2つの考え方についてより多く議論すれば、正解がどこにあるかをより正しく把握することができるでしょう。ですが、たとえばAの支持者があきらめてしまったら、自動的にBに落ち着いてしまい、中間地点にあるよりよい答えを見出すことができません。

健全な不一致がなければ、無関心がそれにとって代わります。これは惰性につながる危険な心理です。議論が熱くなると引いてしまいがちな部下を、リーダーが積極的に議論に引き入れること――たとえばその人を脇に呼んで自分の意見を打ち出すよう励ますこと――は欠かせません。より多くのメンバーがさまざまな視点を持ちよることで、よりよい答えが生まれます。

あらゆる問題への最良の答えは、見知らぬ場所にあることが少なくありません。チームメンバーが、他者の意見に敬意を払って耳を傾けながら、辛抱強く自分の考えを伝えることができれば、おのずとブレークスルーが生まれるでしょう。リーダーの役割は、メンバーを議論に参加させ、無関心には毅然として闘い続けることです。

クリエイティブなプロジェクトのリーダーは、影響力や経験のレベルが異なる人々の間に健全な議論を育まなければなりません。1つの試みは、提起された答えやアイデアをまず全員で共有し、その後で意見を出すことです。まず若い方が先に意見を言い、その後でより経験のあるメンバーが代替案を出します。意見を共有する際には、チームメンバー全員が意見交換に参加していることを確かめましょう。議論が足りなかったり、苛立っていると思ったら、話し合いの方法について──「どうしたらみんなが意見を出してくれるようになるか」「最良の答えを探しているだけなのに、どうしていらいらしてしまうのか」──質問をぶつけてみましょう。

多くの人に賞賛されるチームのいくつかには共通点があります。異なる意見や考え方を闘わせることをいとわず、会議の結果にいつもみんなが自信をもっているということです。こうしたチームは、選択肢をくまなく検討するために、意見の相違が必要だと思っています。論戦は、それを可能にするチームの財産にほかなりません。ですが、議論が終われば、対立は解消します。対立を利用できるような、強い絆のあるチームなら、ブレークスルーが生まれる可能性も高いのです。

コンセンサスに縛られない

私たちは合意に達するまで議論しますが、合意に縛られないことも重要です。共同作業によるプロジェクトの究極の課題は、**全員から最良の意見を引き出しながら、同時に最大公約数的な落としどころに落ちつかないようにすることです。**コンセンサスが平凡な結果につながることは少なくありません。

真のリーダーとして際立つためには、チームやプロジェクト関係者から、率直な意見を幅広く取り入れながらも、核になる使命を守らなければなりません。

シンク・デザインの創業者であるトム・ヘネスは、カリフォルニアのスタインハート水族館や、南アフリカのプレトニアにあるフリーダムパーク、そして9・11国立記念博物館といった難しいプロジェクトで、さまざまなクライアントやパートナーと協力してきました。こうした歴史的プロジェクトへの資金提供や管理運営には、多くの関係者――政府、教育機関、非営利組織、寄付者、歴史家、そして一般市民――が関わっています。また、それぞれが異なる意図を持っています。

南アフリカのフリーダムパークは、シンク・デザインが顧問兼計画立案者として関わった、もっとも難しいプロジェクトの1つでした。記念碑でもあり博物館でもあるフリーダムパークは、南アフリカの自由のために闘い、命を落とした人々の物語を伝えるための国家遺産でもあります。このプロジェクトは国家全体のアイデンティティを示すものであり、非常に多くの視点を考慮する必要がありました。

「20を超える関係団体には、それぞれの意見がありました」とヘネスは言います。「政府、歴史家、宗教団体、各種権利団体など……それぞれが発言と理解を求めていました。我々は、彼らの物語や闘いの歴史を聞き、その不安にじっくりと耳を傾けました」。結局、ヘネスとシンク・デザインのチームは聞くことに2年間を費すことになりました。

ヘネスがプロジェクトへの取り組みを語る間、私は彼がその間に参加した会合について想像を巡らせていました。悲劇的な闘い、国家の進歩、そして不平等の爪痕を象徴する記念碑の計画は、参加者それぞれが感情的な意見を曲げなければ、ますます複雑になるばかりです。「設計の仕事は、人々の言葉に耳を傾け、それに応える技能を提供することなのです」とヘネスは言いました。

多種多様な関係団体と協力するとき、ヘネスの仕事は話を聞き、異なる考え方を拾い集め、プロジェクトを差別化する「特異な要素」を見つけることだと彼は信じています。彼は、全部のアイデアの中から、これと思ういくつかの極端なものを取り上げ、残りのほとんどを捨てることにしています。特異なアイデアが作品をもっとも際立たせるのだとヘネスは言います。批評家の批判を浴びても、設計を変えるよう要請されても、彼はこのような特異な意見にこだわります。

1つのプロジェクトに対して対極的な2つの考え方（や特徴）がある場合、ほとんどの人は二者択一によって片方をあきらめなければいけないと思うでしょう。ですが、ヘネスは**「両取り」のアプローチをとることで、賛同を得られる場合が少なくない**と信じています。

その1つの例は、有名建築家であるレンゾ・ピアノとのコラボレーションで完成した、カリフォルニア科学アカデミーのスタインハート水族館プロジェクトです。ヘネスもピアノも、最初は「石頭」でした——2人は、一見対極にあるものを目指していました。ヘネスはあちこちに隠れた扉や道がある大規模な迷路のような設計を考えていました。ピアノは遮るもののない直線的ですっきりとした空間を考えていました。「直線的ですっきりとした設計の中に、さまざまな隠れた仕掛けを溶け込ませることができる」とヘネスは考えました。最初は難しく見えましたが、結局シンク・デザインは対極のアイデアを取り入れて、複数の関係者を満足させたのです。

プロジェクトの最初から完全なコンセンサスを求めようとするべきではありません。**コンセンサスにこだわると、結局だれも怒らせず、だれも喜ばせないものに落ち着く危険があるからです。**チームリーダーは、両極端な意見のどちら側にも存在する、記憶に残る斬新な解を見出し、全員が賛成しなくてもそれを取り上げるべきです。議論の過程で、こうした守るべきいくつかの特異なアイデアを決め、関係者との交渉で妥協せざるをえないその他のことはあきらめるしかありません。守るべき特異性とは、その他は妥協してもこれだけは残したいというアイデアです。

チームが「特異なアイデア」に確信を持てないときには、その道のプロに評価の権限を与え、最終的な決断を下してもらいましょう。尊敬する人が勧めているならなおさら、臆せず新しいことに挑戦すべきです。ベハンスでは各部署の責任者にその分野の最終的な決定をする権限があります。たとえば、社員全員がデザインに口を出す権利がありますが、最終的に決めるのはデザイン部門のチーフです。議論を進める過程で、チーフは細かい部分で妥協することも少なくありませんが、真の特異性（守るべきもの）だと思う要素に関しては決して譲りません。そして、これらの守るべき特異性について、なぜそれが欠かせないかをきちんと説明します。

決断を下すとき、すべての関係者に耳を傾けることは大切ですが、全員の賛成を目標にする必要はありません。最終的に、特異性を守り、その他のことで共通項を見出すべきなのです。そうしなければ、凡庸なものしか生み出せません。

広告業界のクリエイティブチームの多くは、「多数から情報を収集し、少数が決める」戦略を取っています。リーダーは広い範囲から意見を募り、少人数のグループで最終的な決断を下します。クリエイターの自由な裁量を重んじることは、大多数の意見を阻害することではありません。全員が参加でき、しかも特異性を守ることで非凡な結果を生み出すようなプロセスを選びましょう。

クリエイティブチームを育てる

だれかをその気にさせて、あなたがしてほしいことを自発的にさせるのが、リーダーシップの極意だ。

――ドワイト・D・アイゼンハワー
アメリカ第34代大統領

ものづくりの旅路は、頭の中のひらめきからはじまります。そのはじまりから、他者にそのアイデアを理解させ自分のことのように支持してもらうのは難題です。ですが、リーダーシップとは、人になにかをさせることではありません。**リーダーシップとは他者の頭と心の中に自然なやる気を植えつけ、プロジェクトを彼らのものと思えるようにすることです。**そうなってはじめて、みんなが共通の目的を目指して協力できるのです。

クリエイティブの世界では、健全なリーダーシップは希有なものです。クリエイターはあっという間に離合集散し、離職率の高さは業界全体の問題です。クリエイターが転職するのが高給のためということはほとんどありません。クリエイターは、自分のアイデアが活用されていない

（聞いてもらえない）と感じたり、リーダーがなんでも自分のやり方を強要することが不満なのです。

チームの士気を上げて、繰り返しアイデアを形にしているリーダーには、業種にかかわらず多くの共通点がありました。尊敬されるリーダーは、アイデアを独り占めせず、逆風の中で仕事を進め、能力の高い社員を発見し育てることができます。あなた自身が管理されたり管理したりしてきた経験を通して、クリエイティブなチームを運営する能力を身につけ、長く困難なプロジェクトを管理してアイデアを実現しましょう。

あなたのアイデアをみんなのものにする

あなたのアイデアをベッドの中でも考えている人が多ければ多いほどいいのです。ですが、アイデアを自分のものと思わなければ、それに夢中になれません。**アイデアの共有は、言うは易し、行うは難しです。**クリエイティブチームのリーダーは、アイデアの支配権をなかなか手放せず、社員やパートナーや関係者がそれを自分のものと感じるところまでいかないのが現実です。

この本でもすでにご紹介した、作家であり『ワイアード』誌の編集長でもあるクリス・アンダーソンは、アイデアの所有権を共有することを強く勧めています。実際、彼自身も、他人がそれを積極的にほしがるかどうかでアイデアの価値を測っています。「ワイアードに載せたいアイデアがあるとき、『君と君と君、はいこれをやって』とは言わない」とクリスは言います。「僕の場合は、『こんなアイデアだけど、だれか興味のある人いる？』と訊いてみる。そしてできる限りわかりやすく説明して、自分と同じくらい関心を持ってもらい、うまく宣伝してもらう。すると、すぐに『なんだよ、俺もちょうど同じことを考えてたんだ……』って人たちがたくさん出てくる。もし、みんなが『まあ、どうでもいいや』みたいな感じなら、あきらめる。それ以上はやらない」

周りの人たちにあなたのアイデアを支持してもらうのは、所有権の共有の最初の一歩です。さらに難しい次の仕事は、一挙手一投足を管理することをやめて、チームメンバーに権限を持たせ、アイデアを前進させることです。

アイデアを本当に部下に分け与えるいうことは、つまり信頼できるチームメンバーにプロジェクトの命運を預け、大きな決定を下す権限を与える——あなたなら違う決断するかもしれないと思っても——ことにほかなりません。優秀なリーダーは、権限委譲とそれがもたらす規模拡大のメリットを考えれば、自分のビジョンから逸脱しても構わないと思えるのです。共に働く人たちが、そのアイデアをどう実行すべきか寝ずに考えてしまう——彼らなりの方法で——ことを望むのです。

権限の委譲を実践する旬のクリエイティブリーダーの1人が、ピーター・ロジャスです。

もともとは、テクノロジー関連ブログ「ギズモード」の編集長だったロジャスは、現在大人気のテクノロジーガジェットサイト「エンガジェット」を立ち上げ、ウェブログ社の最高戦略責任者になりました。ロジャスは、2007年にオンラインのレコードレーベル、RCRDLBLを立ち上げ、14カ月でこれを黒字化しました。

ロジャスの権限委譲の方法は非常に現実的です。「リーダーは、なんでも支配したがるものさ――でもそれじゃ効率が悪い……もし僕が全部に口を出していたら、エンガジェットはまったく前に進まなくなる……僕の場合は信頼できる人を雇って、その人に自由にやってもらうんだ。もし信頼できなければ、別の人を雇う」

他者の判断を信頼するということは、すべてをあなたの思いどおりに行わせることではありません。人が違えば、判断も違います。ロジャスいわく、問題は、その人のやり方が結果に重大な違いを及ぼすかということです。目標が達成できるのであれば、それをどう達成するかはそれほど重要ではないはずです。

とりわけ情熱的なリーダーは、そのビジョン――そして完璧さ（や支配力）へのこだわり――が過剰管理につながることが少なくありません。これにも正当な理由があります。プロセスや作品のことを真剣に考えているからです。

これは、芸術分野のリーダー――ファッションデザイナー、建築家、写真家――の多くにとって、特に深刻な問題です。なぜなら、自分の名前が作品の一部だからです。自分の名前や評判が現実に作品と同一視されるとなると、権限の委譲がなおさら難しいのは無理もありません。

ですが、メンバー全員が作品を自分のものと感じるメリット——朝起きたとたん、作品の改善にとびついたり、夜寝ながら、作品を成功につなげる案を思いついたりすること——は、プロジェクトの一部がリーダーの意図しない方向に進む危険よりも大きいのです。

リーダーが最後に話す

GEの伝説の元CEO、ジャック・ウェルチは、トップエグゼクティブたちが集う役員会議室に入っていくなり——問題解決のためにみんなが集められた場所で——、「自分はこうすべきだと思う」と断言することで有名でした。それからその理由と自分の信念を説明したそうです。自分の考えをみんなに話した後、「それでは、みんなはどう思うか？」と訊くのです。おそらく、ほとんどの役員はうなづいて賛同を表すでしょう。反対意見や大胆で斬新なアイデアが出てこないのはあたりまえです。反対する人が別のアイデアを出したとしても（そんな勇気のある人がいたとしても）、ウェルチの提案の範囲内でのことです。

ウェルチは純粋に信じることを行っていただけです。彼は途方もない経験を持った、旬の経営者でした。ですが、もし彼の提案が正解だったとしても、チームを本当に関わらせる——そして育てる——ことには失敗していたのです。しかも、彼の提案がいつも正しかったとは限りません。

ビジョナリーと言われる経営者は、たいてい最初に話したがります。その業界に長く身を置くビジョナリー・リーダーたちは、みんなに崇められ、すべてを経験しつくしたような気になります。だから、最初に口を開き、さっさと動き、他者を関わらせることができません。代理店や、スタートアップや、その他のクリエイティブチームの才能ある若いクリエイターたちが、キャリアの途中で辞めるのは、自分のアイデアを聞いてもらえないからだと言う人が少なくありません。

だれしも自分の提案に情熱を持っていれば、それを話すときに熱が入ります。ですが、仲間の創造性を取り入れる責任がある立場なら、それを抑えなければなりません。クリエイティブチームの目的は、アイデアを考え、磨き、それを実行することです。メンバーそれぞれの知恵をくみ取ることができなければ、価値が失われてしまいます。

ものづくりのプロセスは、参加のプロセスでもあります。若くて、あまり経験のないメンバーにアイデアを共有してもらうには、彼らの論理を育て、仲間に引き入れなければなりません。彼らのアイデアがあなたのすばらしいアイデアの陰に隠れてしまわないように、あなた自身は口を閉じて、新鮮で時には未熟なアイデアを歓迎しましょう。断言する前に質問するように心がけましょう。

口を閉じている間は、周囲に耳を傾けることを忘れてはいけません。最後に話すことを心がけているリーダーでも、自分が話すまでの間に聞くことができない人もいます。

対立を利用する

「だれが裸で泳いでいるか、潮が引くまでわからない」ということわざがあります。物事がうまくいかなくなってはじめて、見えないところで本当に起きていることがわかるのです。対立は気持ちのいいものではありませんが、リーダーはこれを他者のリーダーシップ能力を見極める貴重な機会と捉えるべきです。

尊敬されるリーダーは、対立を2つのことに利用します。1つは同僚や上司の理性や忍耐力を評価することです。優秀なリーダーは、なにかがうまくいかなくなったとき、即座に観察し、学習します。チームの真の相性や可能性について確信がないなら、対立を利用してそれを測りましょう。上司や同僚、またはクライアントのリーダーシップ能力を判断するには、対立があるときの成果を見ればわかります。

もう1つは、チームの自信を育て、リーダーが尊敬を得る機会として対立を利用することです。私が出会った多くのCEO、クリエイティブディレクター、その他のリーダーの多くは、**危機を解決したことで、キャリアがもっとも飛躍したと言います。**といっても、処理した案件や下した決定よりも、対立を解決するプロセスが重要だったそうです。彼らは一歩下がって客観性を取り戻すようチームに促し、非難をやめて答えを全員で考えさせました。チーム内に疑念や不安があったときに、これを利用して無関心を打破し、チーム一丸となって解決に向かったのです。なにか問題が起きると、対立からくる不安の中で、人はとりわけ敏感になるものです。思慮深いリーダーは、チームを1つにまとめ、強化するチャンスとして、対立を利用するのです。

褒めて育てる

2005年の秋、私はボストンのローガン空港からケープコッドの海岸沿いにある小さな町に車を走らせていました。世界的に有名な語り部、ジェイ・オキャラハンが主催するストーリーテリングのワークショップに参加するためです。私のゴールドマン・サックス時代の先輩、ステファン・ランダウアーが上手なストーリーテリングの手法を学ぶよう勧めてくれたからです。**「リーダーシップは、物語を語ることによって、もっとも効果的になる」**とステファンはよく言っていました。

ジェイ・オキャラハンは、間違いなく世界でもっとも偉大な語り部の1人――真の達人です。ワークショップの目玉の1つは、そこにただ座って彼の言葉に耳を傾けることでした。白髪の威厳ある野性的なたたずまいと、慎重に計算された口調は、人の心をとらえて離しません。彼は偉大な語り部であり、同時に思慮深く我慢強い教師でもありました。

物語を語ること、つまりストーリーテリングは、非常に繊細な芸術表現の1つです。人が語る物語はしばしばとても個人的なもので――子供の頃の記憶をつなぎ合わせたり、人生の不思議に折り合いをつけたりする試みです。ですから、物語へのフィードバックは慎重にしなければなりません。私がいた9人のグループの中で、70歳以下だったのは私だけでした。私は仕事に役立てるためにストーリーテリングを学びに来ていましたが、他の参加者は違うということにすぐ気づきました。彼らは自分の歴史を物語として家族に伝えるために、そのやり方を学ぼうとしていたのです。人生の物語をどう批評できるというのでしょうか？　もちろん、どんなプロジェクトも情熱に動かされていますし、それに意見するには細やかな心遣いが必要ですが、ストーリーテリングはその究極にあります。

オキャラハンは、経験豊かな人や野心的な人たちにストーリーテリングの手ほどきをするとき、聞き手の洞察に頼ることが多いと言います。参加者が自分の物語を話し終えると、グループのメンバーが、順番に「よかったところ」を教えてくれます。私の最初の物語は、大学時代に何人かの友人と夜中に墓地の中を歩いたときの出来事でした。私は立ち上がり、その不思議な、でも最後には気持ちが高揚するような2人の同級生との友情の思い出を話しました。オキャラハンが私の前に話した人の手の動きを褒めていたので、私も手を使ってみました。それからはっきりと文章を最後まで話すように心がけ、時折思い切って間をとりました――オキャラハンの語り口を真似たのです。

私が話を終えると、オキャラハンは身体を前後にゆらして、笑いながら拍手をしてくれました。

「すばらしいじゃないか。とても上手だったよ」と言ってくれたのです。彼の熱意と支えにグループの支えが加わり、私は勇気づけられました。その瞬間だけ、ストーリーテリングのコツがわかったと思ったほどです。ですが、自分が素人だということを思い出し、みんなの意見を聞きたくなりました。私ははっきりと話せていただろうか？　話の筋が複雑すぎなかったか？

省略すべきところがあったのじゃないか？

私はグループの前向きな反応がうれしかった半面、建設的な批判も聞きたくて仕方なかったのです。ダメなところを知りたいと思いました。ですが、そのワークショップでは従来とは違うやり方でフィードバックを与えることになっていたのを思い出しました。建設的な批判をしないことになっていたのです。批判的な意見を受け入れるのではなく、グループの「褒め言葉」を聞くことで物語を磨かなければならないのです。

「褒めること」は、生徒の自信を損なわずに技術を磨くために、オキャラハンやその他の語り部が使っているテクニックです。つまり、物語を話し終わると、人々にどこが一番よかったかを聞いて回るのです。

私の場合は、話す速度がよかったと多くの人が言ってくれました。それから人物描写について予想外のコメントをたくさんもらいました。みんながよかったと思った点を聞いて、次に話をするとき強調すべき自分の長所がつかめました。

褒め合うことは、長所をさらに伸ばすことを助けます。その根底には、短所を気にするよりも長所を伸ばすことで非凡な作品が生まれるという考え方があります。長所を褒めると自然に矯正が起きることに私は気づきました。長所が強調され、短所が改善されるのです。グループの仲間たちが2度、3度と物語を語るうちに、短所が自然に消えていき、もっとも美しい部分が強調されていきました。

「おかしなことに、私たちの文化では、短所を探すよう教え込まれています」とオキャラハンは私に言いました。「私が、生徒のすばらしい長所――生き生きとしている部分――を指摘すると、驚かれることも少なくありません」。オキャラハンはこう続けました。「欠点ばかりを探していると、美しさに気づく感性を失ってしまいます」

もちろん、これとは反対に、もっと直接的な意見や批判が人を向上させるという考え方もあるでしょう。ですが、オキャラハンは、褒めることがより深い創造性を得る助けになると感じています。

「発見を得るためには、リラックスしている必要があります。論理的すぎたり、批判だけを気にしていると、無意識は表出せず、物事が見えるようになりません。『長所を知りたいのではなく、向上したいんだ』という人も中にはいるでしょう。みなさんは、欠点を指摘することが改善の唯一の方法だと考えているようです。**褒めることは、礼儀正しく振る舞うことではありません。生きた部分を捉えることです。**受け手はそれを受け止め、自分の中に取り込まなければいけません」

よい部分を発見しそれを共有する能力は、建設的な批判を与えるよりも難しいことです。人間は生まれつき批判的な生き物です。オーケストラの中では、ずれた音を聞きとる方が完璧な音程を聞きとるよりも簡単です。オキャラハンが言うように「みんな、長所を教えるのは簡単だと思っています。ですが、『そのフレーズは新鮮で、まるで雪に覆われた山のような、ベッドの上のシーツの美しいイメージが浮かびますね』と言えるまでには、何年もかかります。その技術には、みんななかなか気づかないものなのです」。

もちろん、褒めることで創造性を伸ばすオキャラハンのやり方があてはまるのは、ストーリーテリングだけではありません。褒め言葉の交換を人事評価に取り入れているクリエイティブチームもあります。私が訪れたあるデザイン企業では、作品が会議室のテーブルの上に置かれ、全員がそのよいところを3つあげるよう頼まれます。アーティストはその意見――すべて前向きなもの――を持ちかえり、改善版を作ってチームメンバーに評価してもらいます。作品は必ず驚くほどよくなります。そのうえ、チームの何人かが心配していた部分――でも口にしなかったこと――は自然に取り除かれています。前向きな励ましによってチームの士気や雰囲気が上がり、アーティストはさらにその長所を伸ばします。

正式な批判のプロセスの前に、褒めることを基本に置いた改善の期間を設けましょう。こうすることで、プロジェクト――と仲間の技能――が、自然に磨かれます。フィードバックのやり方を変えれば、作品を改善できる上にチームの雰囲気もよくなります。

ホットスポット（情報が集まる人材）を見つける

ほとんどの企業は、序列を重んじ、上下関係を気にかけています。序列は給料や役職に影響するかもしれませんが、アイデア実現に関してはそれほど重要ではありません。

フォーチュン500に入るある大企業では、社員にだれに助けを求めるかを訊ねるアンケートをとりました。コンピュータの問題にしろ、財務の質問にしろ、事業の歴史にかかわる事にしろ、頼る人の名前を書くように求めました。

データが集められると、調査員は情報の流れを図にして表しました。すると、特に情報が多く集まるいくつかの活発な拠点があることがすぐにわかりました。組織のあちこちに、だれもが頼る十数名の人々が散らばっていたのです。驚いたことに、その拠点になる人たちと社内の序列や経験はなんの関連もありませんでした。

このデータを見たあるエグゼクティブは、企業はこうした情報の接点となる大切な人材の価値がわからないまま、またはきちんと評価しないままに、定期的な集団解雇の過程で彼らを失う可能性が充分あり得るとおおいに懸念したといいます。

組織変革に成功しているリーダーたちは、**序列よりも高質の情報が集まる社員に注目します。**結局は、質の高い情報がよい意思決定につながるからです。組織内の情報の接点を見つけることができれば、深い理解のもとに組織を運営することができるでしょう。上司の顔色をうかがうのではなく、身の周りの、いつも答えを知っている人を探しましょう。

数年前に、ゴールドマン・サックスが少人数のクライアントを招いてマルコム・グラッドウェルの講演会を行ったとき、私は彼と話をする機会に恵まれました。彼は、変革には必ずしも時間がかかるわけではない――一瞬にしてそれが起きうる――そしてそのきっかけとなるのは、いわゆる「社会力（ソーシャル・パワー）」だ、と強く主張しました。

社会力は、経済力や政治力とは性質の違うものだとグラッドウェルは言います。社会的地位や、年齢や性別といった属性とも関係ありません。むしろ、社会力とは多くの人とつながりある特殊な能力です。彼らは、必ずしも序列が高いわけではありませんが、見識が広く、尊敬されています。

私の友人で、今は非営利団体のエグゼクティブであるエリン・ブラナンは、以前ピースコープに属し、バルバドスの沖合にあるセント・ヴィンセントという小さな島に数年間駐留していました。そこを訪れたときに、私は彼女が地域社会に独自の影響を与えていることに感銘を受けました。彼女は私に、こう言ったのです。学校を作ったり、医療を充実させるのはいいことだけど、長期的に影響を与えるには、それらを維持する人たちを見つけて、訓練するしかない、と。2人で話しているうちに、私たちは「ホットスポット」という言葉を使うようになりました。セント・ヴィンセント島でも、大企業でも、ホットスポットとは社会力を持つ人々を指します。彼らは、特別な資格がなくてもコミュニティの尊敬を集め、序列の上に立つ正式なリーダーの力をおのずと弱める存在です。

適切な場所で適切な人に訊ねれば、ホットスポットがだれかは簡単にわかります。功績の高い人や有名な人を探してはいけません。そのかわり、**助けが必要なとき、だれに頼るかを聞いてみましょう。**社内や業界内で、いつも答えを知っている（探してくれる）ことで、みんなから頼られている人たちを探しましょう。ホットスポットを見つけたら、彼らの話を聞き、権限を与えましょう。より多くの影響力と責任を与えるのです。クリエイティブなプロジェクトを通して変化を導きたいなら、権力争いやトップダウンの変革に頼ってはいけません。影響を確実に維持するためにはホットスポットを探し、彼らを引き入れることが必要です。

自己統率力を引き上げる

管理が一番難しいのは、自分自身です。「自己統率」というコンセプトは、これまであまり考えられてきませんでした。ですが、リーダーシップ能力は、他者を統率すると同時に、自らを統率することでもあるのです。アイデアを形にする過程で越えるべき最大の壁のいくつかは、自分自身の中にあります。

創造性に富むリーダーの多くは、最大の障壁は自分の内にある――恐れ、不安、限界を自分で決めてしまうこと――と言います。活力を奪うような争い――うまくいかなかった提携や、崩壊したチーム――を考えるとき、失敗の要因が自分にあることを認めざるを得ないのです。リーダーの判断ミスが根本的な原因であることは少なくありません。

クリエイティブプロジェクトのために部下を統率する場合、一番のお荷物は自分自身です。自己統率とは、すなわち、自分を知り、忍耐力を養い、生まれもった性質があなたの可能性を殺さないようにすることです。

自分をよく知る

私の研究と、この本の主題は、人間に生まれつき備わった性質への闘いです。人間本来の傾向――アイデアを次から次に考えたり、自分を孤立させたりすること――は、障害になりますが、整理力、仲間力、統率力がそうした傾向から自分を回避させてくれます。アイデアを思いつき、プロジェクトを組織し、コミュニティの力を活用し、他者を統率するための知識や慣習を身につけても、すぐ本来の姿に後戻りしてしまうこともあります。

道をふみ外さないための1つの方法は、自分がいつ、どうして道に迷うかを知ること――つまり自分を知ることです。自己認識は、リーダーシップの重要な技能ですが、非常に個人的なものです。それは行動に関するものではなく、行動を引き起こす感情に関するものです。

グーグル・クリエイティブ研究所の頂点に立ち、数々の斬新なプロジェクトを実現させてきた生産性の達人が、本書でもすでに紹介したジ・リーです。彼は感情がクリエイティブプロジェクトに果たす大きな役割について、解説してくれました。「社会は私たちに感情を抑制するよう教え込む。だが、うまく他者を導くには、感情を理解し、それを研ぎ澄ます必要がある」

クリエイティブ業界の多くのリーダーと同様、リーの軌跡は、精神的な成長への努力の歴史でもあります。リーはグループ療法を受けました。それは、「今その瞬間に集中し、心から他者に耳を傾けること」だとリーは言います。グループ療法では、安全な環境の中で、現実世界に類似した関係を設定し、メンバーがそれを演じます。そして行動の陰に隠れた感情を発見するのです。

だれかに傷つくことを言われたら、その感情を表現するようにします。たとえば、「今の発言に怒りを感じた」「むかつく奴だ」「私、怖いんです」といった発言も珍しくありません。守られた環境の中で、こうした生の感情を表に出すことが、心の底にあるものを理解するきっかけになります。現実世界ではこうした感情が普段抑制されているので、グループ議論から得られる洞察にとりわけ勇気づけられるのです。

リーだけでなく、クリエイティブ業界で尊敬される他のリーダーたちも自分に投資しています――グループ療法、私的な諮問グループ、サークルなどを通して、行動の裏にある感情的な衝動を理解しようとしています。前述したサークルは、メンバーがお互いを信頼して自分をさらけ出せれば、自己認識の手段として利用できます。私が会ったリーダーの何人かは、自分のための「私的な諮問グループ」を作っていました。3、4人の人々に悩みを打ち明け、正直な意見をもらうのです。あなたがより深く自分を見つめられるなら、どの仕組みを選んでもかまいません。

より深く自分を知れば、より多くを学べます。失敗しても、どうすべきだったのかがすぐにわかります。感情と行動の関係を理解していれば、他者からのフィードバックを行動に移しやすくなります。自己認識の道に終わりはありませんし、私たちはそれを避けて通ることはできません。

クリエイティブ業界の若いリーダーたちは、なんらかの形で精神的な成長から恩恵を受けるはずです。早い時期に自分を知る努力をすれば、判断力が上がるでしょう。健全な判断力は長期的な関係や賢い意思決定につながります——大胆なプロジェクトを率いるために必要な、尊敬と自信を築くことになるのです。

あいまいさを受け入れる

自分をより深く知れば、不確かなものへの許容度も高まります。あいまいさに耐えられれば、知性を失って感情に流されることなく、早まった決断をしなくてすむのです。時間を味方につけ、拙速な行動への衝動を抑えなければなりません。

あるテクノロジー系大企業のリーダーは、彼女の悩み――資金力豊富なライバルが自社の領域に参入し、不安に襲われていること――を私に打ち明けてくれました。その新たなライバルはクライアントを意図的に誘導し――彼女の会社の顧客サービスは平均以下で価格も高すぎると言っていたそうです。

ですが、彼女は守りのマーケティング戦略に走って顧客に取り入るのではなく、これまでの路線にとどまり、新規の強化策を導入してライバルに勝ったのです。「私は瞬間的な怒りに任せて、よく練られた計画をだめにしたくなかったの。リーダーの仕事は、くだらないことに目をつぶって我慢し続けること」と彼女は言いました。

最良のリーダーはあいまいさを許容します。**わからないことにいらいらせず、がっかりしても忍耐を失いません**。わかる範囲でできることをやり、なにがわからないかをはっきりさせ、それに添って判断します。また、彼らは常識に従って行動します。真実はそのうちおのずと明らかになると信じているのです。

いわゆる「一時的な不公平」は、どんな組織にもあります。私がゴールドマン・サックス時代にともに働いたもっとも非凡なリーダーの1人が、ロブ・キャプランでした。「よい組織では、正義がそのうち勝つ」と彼は言います。「だが、それがいつかなのかはわからない」

優秀なリーダーは、組織の成長を信じ、不当な評価や不公平なプロジェクトの割り当てを見過ごすことができる、とキャプランは信じます。

経済や人間行動の原則が、どんな状況にもおのずと明確さと公平さをもたらします。ですが、性急で衝動的なリーダーは、短期的に先が見えないとつまずいてしまいます。判断がゆらぎ、組織内の土台と尊敬を失うことにもなりかねません。

一番いいのは、短期的な不公平や不透明な期間への忍耐力を養うことです。強い気持ちと落ち着きを保ち、時間の経過とともに状況が自然と収束し、変化に伴う不透明さが消えていくのを待ちましょう。その我慢がより多くの尊敬と機会につながり、先々に報われることになるのです。

失敗から学ぶ

プロジェクトがうまくいかないとき、そこから積極的に学ぶことを忘れてはいけません。英国人作家のA・A・ミルンはかつてこう言いました。「よい判断は経験のたまものである。経験は——そう、悪い判断のたまものである」。失敗から生まれる気づきを自分のものにすることは、ものづくりのプロセスに欠かせない要素です。

私たちのほとんどは、失敗に耐えられません。アイデアが注目されないと、仕事でしくじっただけでなく自分が傷つけられたと思ってしまいます。これは深刻な問題です。確信がなくても行動したり、アイデアを心おきなく捨てたりできなくなるからです。すると、たびたび行き詰まることになるでしょう。困難に遭遇したり、失敗に終わるプロジェクトは、私たちがその利点を認め、そこから学ぼうとしてこそ、大きな価値があるのです。

うまくいかないときには、次の3つの問いを自問してみましょう。

▼失敗の原因になり得る外的要因はなにか？

プロジェクトが意図しない結果に終わったとき、その原因になり得る外的要因を突き止めましょう。クライアントの信条がうまく説明されていなかったからかもしれませんし、タイミングが悪かったのかもしれません。必要な他者の支援が得られなかったからかもしれません。将来のプロジェクトをうまく導くヒントがそこにあるはずです。

▼あなたの判断を鈍らせた内的要因はなにか？

プロジェクトが期待どおりにいかなかったとき、その過程を振り返って、やり直したいことが必ずあるはずです。クライアントの制約を充分に聞かなかったかもしれません。プロジェクトの初期に立てた前提が間違っていたのかもしれません。自問してみてください。やり直せることを2つ選ぶとしたら、それはなんですか？　それをみんなに言う必要はありませんが、自分でその答えを見つけ出してください。自分を見つめることで、判断を曇らせた要因を見つけることができるはずです。

▼予期せぬ結果の中に価値があるか？

映画監督のフランシス・フォード・コッポラは、冗談まじりにこう言ったことがあります。「芸術とは、ある意味で、たまたま自分に起きた偶然の出来事を利用することだ」。予期せぬ出来事によって流れが遮られたとき、こう達観することはなかなかできません。失敗したことを悩み続けるよりも、思いがけない発見に目を向けましょう。

自分だけは特別だと思わない

ドットコムバブルとその後の不景気な時代に、私はゴールドマン・サックスの役員室でのさまざまな会議に参加する機会に恵まれました。そこで難しい問題が起きると、それが必ず一度きりの異常事態だとされることに、私は興味をそそられました。「市場バブルの後、これほどの金利変動とテロの懸念が同時に起きることは、いまだかつてなかった」。役員たちは、賛同して頷きます。すると「今は非常事態だ」とだれかが言うのです。

「今までで一番非凡な××だ」「もっとも偉大な○○の期間だ」「△△の新しい時代だ」といっ

た発言を始終聞かされると、自分が生きたこの30年間が歴史上もっともエキサイティングな時代だと勘違いしてしまいそうです。当然ですが、長い歴史を振り返れば、予想外の出来事は頻繁に起きています。鉄道狂、チューリップ熱、ラジオ狂、インターネットバブル――もそうですし、それを信じたリーダーや、そのたびにすべてを賭けた「宵越しのカネを持たない」ビジネスマンたちもいました。

歴史は同じことを繰り返しているのに、目の前のチャンスや危機が一度限りのものだと考える傾向は変わりません。私はこの傾向を「大物の勘違い」と呼ぶようになりました――リーダーはなぜか自分だけはルールにあてはまらないと思い込むのです。

クリエイターは、とりわけこの「大物の勘違い」に陥りやすいようです。私たちは問題や機会の特異性に目が行きやすいうえに、新しいものが好きで他人と同じことを嫌がります。ですから、あらゆるプロジェクトに新鮮な考え方で取り組みながらも、常識的に考えなくてはいけません。まったく新しいものはほとんど存在しない、つまり、私たちは過去から学ぶべきなのです。

物事を長い目で見ましょう。今取り組んでいることの斬新さにとらわれると、過去から学べなくなってしまいます。クライアントと交渉するとき、取引先や提携先と協力するとき、普段はしない決定を下すとき、事業の投資機会に直面したとき、自分の置かれた状況はそれほど特殊でも珍しくもないという事実に気づかなければなりません。私たちは時間を経て証明された安全な過去の知識から学ぶことができます。現在がいつか過去になるとは思えないものですが、そうなるのです。そしておそらく、振り返ったときにそのことに気づくでしょう。

逆張りで常識に挑む

過去から学ぶことも大切ですが、それを疑うこともまた必要です。もちろんよい忠告をわざと無視したり、「大物の勘違い」を進んで取り入れようという人はいません。ですが、クリエイターは現状にとらわれていてもいけないのです。

すると、次の難問が出てきます。専門家の忠告を求める傾向と、これまでにないこと――よりよいこと――をしたいという希望にどう折り合いをつけるか、という問題です。いわゆるベストプラクティスは、社会通念になり、社会通念が間違っていることは少なくありません。

どんな世界にも、先達の知恵に従う自然な傾向が存在します。産業革命以前の徒弟制度から、現代に広く浸透した大企業の序列まで、社会は過去の集合知の上に築かれています。世界中の主要カンファレンスでは、業界の専門家を招き、その知恵を共有します。私たちは、先達の言葉をあたかも神託のように聞き入れます。

ですが、イノベーションを生み出し、限界を拡げる責任がある少数の人たちにとって、社会通念に従うのは罪とも言えます。多少の懐疑心は健全です。また、古いものを応用するよりも、新しいプラットフォームを構築することも考えるべきです。

クリエイターたちを取材して、まず頭に浮かんだことは「逆張り」の実践、つまり問題に取り組むときやブレインストーミングのとき、わざと本流に逆らった行動をとることでした。逆張り論者は、独自の考え方がもたらす不確実性やリスクを喜んで受け入れます。常識を疑うことで、新たな手法を見つけることもあれば、古いやり方への確信を深めることもあります。ここで、逆張りを実践する場合と、社会通念に従って行動する場合のいくつかのコツをあげてみます。健全な疑いを活用しましょう。

年齢で判断しない

若者というだけ――業界の新人ということ――で先入観を持ってしまうことはよくあります。経験がないから、なにも知らないだろうと思うのです。ですが、若いということは、トレンドを察知し、新しいテクノロジーを使い、経験豊富なクリエイターなら避けるだろう危険な賭けを試みるという点で、それ自体認められるべきことです。新人と仕事をするときには、年齢や業界での経験ではなく、彼らの生の興味や技能を評価しなければいけません。

メンタリングの手法を見直す

指導や人脈やチャンスを求めるとき、たいてい目上の人に頼ろうとします。ですが、最良の助言者、パートナー、仲間、資金提供者は、あなたの周りにいるかもしれません。常識的には、トップに立つ人からもっとも多くを学べると思うかもしれませんが、実際には同僚や後輩たちに目を向ける努力が必要です。メンタリングをただの善行と思わず、自分が成長し、恩恵を受けるための戦略――関係やその他のものを通して――と捉えましょう。

▼過去の業績と現在の知識を区別する

人はみな「むかし取った杵柄《きねづか》」に頼りがちですが、最先端だった知識もすぐに時代遅れになるものです。昨日、偉大な専門家だったとしても、今日は素人になっているかもしれません。事実、専門家は過去の経験や成功に縛られて、時代の変化が見えないことも少なくないのです。過去に成果を残しているからといって、現在の知識があるとは限らないことに注意しましょう。

▼よりよい方法を探す

これまでのやり方を自動的に受け入れるのではなく、さらに改善するよう努めましょう。プロジェクトを実行するとき、すでに証明された手法に従うのはもちろんよいことですが、なにも考えずにそれを受け入れるのは危険です。社会通念やベストプラクティスに独自の方法を加えたり、さらによい「ベタープラクティス」を目指して改善すべきです（この本についても同じです！）。

起業家として考える

あなたは自分のアイデアを持続可能なものにする責任があります。アイデアが長期的に成功するためには、プロジェクトを企業として扱わなければなりません。大企業の社員でも、フリーランスでも、プロジェクトを率いる立場にある人間は、起業家なのです。

「起業家が最高のアイデアを持っているとは限らない」と言うのは、次々と企業を立ち上げてきた起業家のアンドリュー・ウェインリッシュです。「答えがなくても、崖から飛び降りるのが起業家だ」。ウェインリッシュは、もっとも初期のソーシャルネットワークの1つ「シックスディグリーズ」を創業し、2000年1月に同社を1億2500万ドルで売却しました。最近では、携帯電話やウェブの位置特定サービス「エックスティファイ」や、携帯のお見合いサービス「ミートモア」を立ち上げています。

ウェインリッシュは戦略や事業計画をよく練って起業したのではありません。彼は法科大学院を卒業したとき、10万ドルを超える借金を抱えていました。でも、アイデアと壮大なビジョンがあり、ビジネスの将来形が見えていました。「情熱はお金より長続きする」とウェインリッシュは言います。ですが最初の事業に飛び込んだとき、ゴールが見えていたわけではありません――ゴールを思い描くのは間違いだと彼は思っています。起業家は、「野球で言えば、いつまでも5回にとどまるべきだ」――つまり、勝ちにこだわるよりも、段階的な進歩に目を向けるべきだと信じているのです。大勝利ははるか遠いところに存在し、今いる場所からそこまでの間には、多くの段階やアイデアが必要です。コツコツと我慢強く歩みを進めることは、報酬制度を見直す考え方にも通じます。ウェインリッシュはこれを「意図的に自分を欺くプロセス」と言います。同じ回にとどまっていても、少しずつ前進するよう努力しながら、勢いを維持しなければなりません――同じアイデアに、何度も取り組むのです。

「最初のビジネスの立ち上げに仲間が集まったとき、最大のリスクはこのチームに入ることだと僕は言ったんだ」。ウェインリッシュはそう語りました。「これからはボートの穴をふさぐのが仕事だ。じっとすわってたらボートが沈んでしまう。僕らがすばやく対処すれば、浸水の速度を遅らせて、沈む前に穴を全部ふさげるってね」。スタートアップ企業が生き残るカギは、勢いだとウェインリッシュは言います。「動きを止めたら、音楽は止まる」

先ほど紹介した、RCRD LBLの創業者兼CEOのピーター・ロジャスにとって、新しいアイデアを追求するときにもっとも難しいのは「引き金を引くこと――のめり込んでないと、それができない」。エンガジェットを辞めた後、彼にはビデオネットワークとテレビ関連の多くの新しいアイデアがありました。ですが、そのどれにも自分がのめりこんでいないと気づいたのです。崖から飛び降りる準備ができていませんでした。

自分の時間やエネルギーにふさわしいアイデアを思いついたとき、それに飛びこむ前に、どんな確信が自分に必要なのか——必要でないのか——を知ることは大切です。完璧な答えは必要ありません（し、それはだれにもわかりません）が、やらないよりは、やるリスクをとりたいと思えなければなりません。**ゴールが見えなくてもいいですが、動き続ける勢いは必要です。**

アン・ラモットが小説の技法について書いた世界的ベストセラー、『バード・バイ・バード』（*Bird by Bird*）の中に、多くの賞を受賞しているアメリカ人作家のE・L・ドクトローが小説づくりについて語った言葉が引用されています。「（創作は）夜中の運転に似ている」とドクトローは言います。「ヘッドライトに照らされているところしか見えないけれど、それで最後まで辿りつける」

アイデアを形にする道のりにおいても、ほんの数メートル先しか見えなくても、動き続けなければなりません。ほとんどの起業家は、よく練られた事業計画など絵に描いた餅だと認めるでしょう。なにより大切なのは、動き続け、アイデアを1歩1歩前進させ続ける能力なのです。

反骨精神を持つ

クリエイターに共通の障害や、それをどう乗り越えるかについて、この本では多く取り上げてきました。生来の傾向がもたらす障害の他にも、プロジェクトの障害になり得る外的な社会的圧力が存在します。

この本のために取材した非凡なクリエイターの大半には、反対されながら必要な決断を下した経験がありました。情熱を追求するために大学を中退したこと、起業のために高給を捨てたこと、他人がうらやむようなチャンスを断ったこと——彼らの道のりは、普通とは違っていました。これらの優秀なリーダーたちがわが道を行くことに、周囲はいい顔をしませんでした。ですが、先生や家族や友人から眉をひそめられても、彼らは自分を貫き通し、疑問を持たれることで、逆に自信を深めていったのです。彼らはいわゆる「へそまがり」でした。

へそまがりは、反対されたり誤解されたりすることを恐れず、クリエイティブなプロジェクトから締め出されることさえ恐れません。非凡な夢を叶えることは、コンセンサスや一般的な理屈からいくらか距離を置くことです。社会から疑われたらあきらめるのではなく、逆に勇気づけられるべきなのです。

この世の中は、偽善的です。主流の人々は、傍流のクリエイターに疑いの目を向けます。とりわけ、彼らが現状を壊そうとしているときには。学校を中退したり、転職すると眉をひそめます。それなのに、人生をあらゆる面で豊かにしてくれるアーティストや起業家の成功を祝福します。この社会は、自分たちがつまはじきにした人が成功すると、それを持ちあげるのです。

成功を一度限りのものと考えるのは大きな間違いです。**アイデアは偶然に形になるものでもなければ、幸運によって実現されるものでもありません。**他人と違うことを行い、それを最後まで追求した結果、クリエイティブな作品は生まれます。一般的に多大なリスクだと思われているものは、クリエイターから見れば明らかに筋の通ったチャンスかもしれません。そのプロジェクトが意味のあるものになるかどうかは、私たちの整理統率能力次第なのです。

周囲が疑うときには、自信を深めていいのです。未踏の道こそ、新しいものへ通じています。プレッシャーが増してもそこにとどまり、周囲の疑いを進歩のしるしと受け止めましょう。

クリエイティブなプロジェクトを率いるなら、伝統的な知識や報酬や手続きに頼ってはいけません。これまで述べてきたように、従来のエネルギーの管理方法、社員やパートナーを取り込む手法などのすべてを見直す必要があります。平凡なやり方で非凡な結果を生み出すことはできません。反骨精神を持てば、周囲のプレッシャーは自信の源になります。現状維持への義務や期待を打破し、非凡なアイデアを形にしましょう。

人生の期限に目をむける

反骨精神を持つことや、現状を打破するよう説くことは簡単です。ですが、実際にそれを行うのは簡単ではありません。私たちの多くは、なにかと理由をつけては、実行をためらっています。今の仕事をもう少しやってから、もうちょっと貯金を増やしてから、次に昇進したら、などと考えます。「時期が来たら」と言いながら、その時期がいつなのかは、はっきりと口にしません。合理性があるのかもしれません。アイデアの実現を先送りする完璧な理由があるのかもしれません。いずれにしろ、先送りの代償を支払うことになります。

あなたは退屈な会議に出ています。会話の内容はうわの空で、時計を見ながら時間が経つのを待っています。60秒間時計を眺めていました。あなたの人生で取り返しのつかない1分が過ぎたのです。

その時間に、あなたはアイデアを形にするリスクをとったでしょうか？　ボールを前に進めましたか？　本当に興味のあることを手に入れようとしましたか？　周囲との絆を育んだりチャンスを見出したりしましたか？

あなたの現在のキャリアやアイデア次第で、この時間は、チャンスを逃したという後悔にも、人生を豊かにするためのやる気にも変わります。

逆時計の発想は単純です。人生が終わる年月日が正確にわかっていれば、時間とエネルギーの使い方が変わるか、と考えてみるのです。その期限が73年と2日と2時間3秒だとわかれば、時間の経過にもっと敏感になるのではないでしょうか？

私たちは、みな限られた時間しか残されていませんが、そのカウントダウンに気づきません。もしわかっていたら不安になるでしょうから、これはいいことなのかもしれません。ですが、逆時計に注目するメリットもあります。クリエイティブな活力、洞察、アイデアには賞味期限があるのです。多少のプレッシャーはいいことです。

時間には限りがあるということが、アイデアを実行に移す動機になるはずです。チャンスは向こうから歩いてくるわけではありません。あなた自身がそれを掴みとらなければいけないのです。人生の期限に目を向ければ、リスクをとることも厭わなくなります。時間は限られているのですから。さあ、取りかかりましょう。

愛の不思議を知る

クリエイティブなプロジェクトの中で、愛は不思議な役割を果たします。まず、愛は興味と熱意をかき立て、集中と学習を促します。困難な時期や行き詰ったとき、愛が私たちをプロジェクトに引き留めます。ですが、理想と現実のギャップに悩むのもまた、愛のせいです。愛は大きな失望にもつながります。

▼愛は私たちを動かす

ジェイソン・ランダルは、愛の達人です。読者のみなさんの中にも、彼が深夜のトーク番組や世界的なカンファレンスでマジックを披露しているのを見たことがあるかもしれません。また、『愛と青春の旅立ち』『テキーラ・サンライズ』『プリティ・ウーマン』などの映画でスタントをする彼を見ているかもしれません。

だとしても、彼が社会心理学の博士号を持ち、5つの楽器を演奏し、3カ国語を話し、催眠療法士と錠前師とスキューバインストラクターの資格を持ち、飛行機とヘリコプターの操縦士でもあることはご存じないはずです。

それだけではありません。ランダルは空手7段の黒帯保有者でチャック・ノリスの空手学校で6年間も教えています。信じられないことですが、彼はまだ多くの資格を持っています。なによりも、ランダルは専門性を育てる専門家なのです。

私たちにとってはうれしいことに、ランダルはその秘密を喜んで披露してくれています。達人になるための3つの重要な要素は、(1)課題への強い熱意と興味がある、(2)それを身につける能力がある、(3)周囲に助けてもらうことができる、というものです。強い熱意と興味は、課題への熱心で持続的な取り組みを促します。課題への強烈な思い入れのうえに、それを身につける能力(理解力や記憶力など)と周囲の助けがあれば、偉業を成し遂げることができます。

ランダルのやり方を聞いていると、その根底には身につけてきたすべての技能とそれを利用した経験に対する深い本物の愛があるとわかります。ランダルには貪欲な向上心がありますが、それは野心や競争心からくるものではありません。彼は愛に動かされているのです。愛が彼を引き付けて、学び、実験し、大胆なリスクをとらせるのです。

優秀なセールスマンであるランダルは、自分のプロジェクトや哲学を売り込むだけでなく、周囲の支援を得ることにも長けています。彼の前向きなエネルギーはみんなに伝わり、それが彼のプロジェクトを助けます。愛が人を導いて、偉大な結果を生み出してくれることを、ランダルは証明しています。

▼愛は私たちを失望させる

この本の最初の方で、ジョナサン・ハリスを紹介しました。彼は有名なアーティストで、そのプロジェクトは、人間感情への好奇心を追求する複雑な試みです。ハリスは私に彼の作品に愛が複雑な役割を担っていることを打ち明けてくれました。

「僕の創作にとって愛は一番大切なものだ」と彼は言います。「愛は人を引き付けて、最後まで助けてくれる……でも、それと反対の不思議な面もあるんだ。最後にできあがったものは、最初に感じたことや最初に見たビジョンに比べると、まったくの失敗に思える。完成したものが失敗だと思わないときは、真剣に取り組んでないってことなんだ。なにかを心から愛してしまうとき、それを理想化して、現実には手に入らないものを心に思い描くからだ。その感情は純粋すぎて、それを実際に感じられるものを創ることはできないから、結局がっかりすることになる。だから、最初に見た夢が美しければ、そのぶん失望が深くなる」

▼愛に折り合いをつける

読者のみなさんはこの古いことわざを聞いたことがあるでしょうか？「だれかに大好きなことを辞めさせるにはどうしたらいいか？　金を払えばいい」。このことわざは、大好きなことが仕事になると、情熱が失われる、という意味です。こうした例を、私たちはたくさん見てきました――大企業に雇われたデザイナー、大会社の社内事業を経営するために雇われた起業家、別人のために書くことで報酬を受け取る小説家――それは苦痛のはじまりです。こうした仕事のやり方が、心の重荷になるのです。愛が生み出す作品が、自分の手を離れて他人の手柄になると思うと、自分を失ってしまうのです。

自分の作品を純粋に愛し続けるのは難しいことです。他者が押し付ける期待や報酬が目的になると、情熱は失われます。金銭などの古いインセンティブに動かされる情熱は、すぐに消えていくでしょう。自分の作品そのものがご褒美であることを忘れず、結果よりも過程を楽しむべきです。

愛は努力の源になりますが、大きな失望も生みます。ですがアイデアや興味への永遠の愛は、あなたを前進させ、障害を乗り越えさせます。業界を変革し、世界を変える人たちは、自分の愛することを心から知る人たちです。彼らが作品を生み出し続けるのは、結果ではなく過程を愛すからです。彼らは、夢と現実のギャップに失望しながらも、常に新しい取り組み方を模索し、愛を絶やさないように努力し続けています。

チャンスと責任

新曲のアルバムを聞いたり、新刊書を読んだり、革新的な新製品や新事業の成功を祝ったりするとき、ほとんどの人はその陰にある膨大な努力や能力に気づきません。ですが、私たちクリエイターは、イノベーションの世界にある栄光の陰に隠れたものに目を向けなければいけません。アイデア実現力について学び続けることで、自分の才能と創造への欲求を、形あるものにしなければならないのです。

学ぶべき事例は、私たちの身の周りに数限りなく存在します。ブレークスルーが発見され、偉業が達成されるとき——壮大な映画が完成し、小説が出版され、企業が成長するとき——、私たちはその過程を振り返り、アイデアを形にするために要したあらゆる努力を思い浮かべるべきです。どれだけの整理力と忍耐が必要だったことか？　その間に何度の徹夜や、仲間内の対立や、人間的な成長があったことか？　どれだけの汗（と涙）が流されたことか？

成功を収めたクリエイティブリーダーの間には、お互いに対する深い理解と尊敬の念があります。その絆は、達成感からくるものではありません。共感や尊敬からくるものです。アイデアを実現したクリエイターは、業界が違っても、長い闘いを闘い抜き、それに生き残った人たちです。その闘いの記憶や傷跡は違っても、プロジェクトの行き詰まりに苦しみ、自然の摂理に逆らってイノベーションを追求することがどんなものかを、みんながわかっています。

アイデアは自然な好奇心や疑問から生まれますが、それを現実のものにするには、ゆるぎない信念と努力が必要です。この本で述べた知恵や、制約や、妥協はみな、この大変な努力の一部です。ですが、もしあなたがこの旅を最後まで終えることができれば、世界に影響を与える貴重なチャンスを得ることになるでしょう。

創造性こそが、世界中の諸問題を解くカギを握っています。これは決して無知な発言でも、ただの決まり文句でもありません。事実なのです。ですから、読者のみなさんには、**その創造性を発揮することが自分の責任だと思ってほしいのです。**

ぜひ、あなた自身とそのプロジェクトを真剣に考えてください。あらゆるアイデアは敬意に値します。なぜなら、それはクリエイター自身の興味を超えて拡大するからです。この世の中のすべての人間は、アイデアの力で豊かになった世界の恩恵を受けます——情熱と、信念と、自己認識と、知識の上に成り立つ努力によって実現されたアイデアの力で。

不安や世間のプレッシャーに耐え、闘うのです。壁が立ちはだかったら、仲間がいることを思い出しましょう。私たちはみんな闘っています。そして耐え抜いています。逆境は私たちを強くします。貴重な経験に感謝し、価値あるものを創り出すチャンスと責任を担っていることを糧にしましょう——それがあなたと私たちみんなに恩恵をもたらすことを信じて。

訳者あとがき

整理整頓が苦手だ。思い切って片づけようとすると、必要なものまで捨ててしまう。いったんはきれいになっても、すぐに散らかる。スケジュール管理も下手で、たまに約束を忘れる。予定を詰め込みすぎて、(断る勇気もなく)結局自分の首を絞めることになる。整理下手ゆえの失敗は数知れず、ものが片づいていたら、人生どれだけ楽だろうと思う。

あれもこれもやらなくちゃと思うが、その中で実現されるのは10分の1、いや100分の1くらいだろうか。名刺の整理、住所録の更新、ソファカバーの貼り替え……本業の翻訳についても、効率と品質向上のためのアイデアが頭の中に浮かんでは消えていき、どれも形にならない。

本書は、そんな浮かんでは消えていくアイデアを形にするにはどうしたらいいか、という、整理下手の私たちに共通の悩みを解決するためのお助け本である。原題の *Making Ideas Happen* を見れば、著者の言いたいことが伝わってくる。私は、それを「アイデアを形にできるかどうかは、あなた次第」というメッセージと受け取った。

著者のスコット・ベルスキは異色の経歴を持つ。大学卒業後、ゴールドマン・サックスに入社し、その後ハーバード・ビジネススクールでＭＢＡを取得する。ここまでは典型的なエリートだが、そこから意外な方向にキャリアを変える。ゴールドマン・サックスの本社でリーダー育成の仕事に関わった経験と、クリエイティブ業界への情熱をもとにして、クリエイターを支援するベハンス・ネットワークを立ち上げた。

「偉大なアイデアが、必ずしも形になるとは限らない。それがたまたま実現されるということもない」と彼は言う。類まれな才能と豊富な創造性を持ちながら、それを現実に活かさないのはもったいないと常々思っていた、と。そしてアイデアを形にするのが、才能ある人々の責任なのだ、と熱く語りかける。

彼が強調するのは、「行動すること」だ。従来のアイデア本と違い、発想については語らない。アイデアを実現するには、発想力よりも行動力が必要だからだ。だから、この本には、人生を行動志向に変えるためのさまざまな技が紹介されている。

頭の中だけに存在するアイデアを外に出し、整理する方法。仲間の力を借り、アイデアに磨きをかける方法。リーダーとしてチームをまとめ、プロジェクトを最後までやり抜く方法。これまでにあったようでなかった、「アイデア実現力」を養う実践的なコツがここにまとめられている。

この本を翻訳しているうちに、私も「やらなくちゃ」という気持ちになり、ここに紹介された小技をいくつか試してみた。アクション・ステップを書き出すことからはじまって、区切りごとに自分へのちょっとしたご褒美を設定したり、「達成の壁」をつくって訳出したページを貼り出してみたりした。すると、あら不思議、奇跡のごとく計画通りに仕事が進み、編集者にも迷惑をかけずにすんだ（気がする）。

読者のみなさんにも参考になる技やコツが本書の中に必ずあるはずだ。この本が、みなさんの夢をかなえることに少しでも役に立てば、こんなに嬉しいことはない。

私の整理欲を高めてくれた著者のスコット・ベルスキに感謝する。英治出版の優秀な編集者である山下智也氏からは、たくさんの貴重な気づきをいただいた。彼の綿密な作業のおかげで、日本語版がより面白く、質の高い作品に仕上がった。

そして、帯に推薦文を寄せてくださった佐藤可士和氏とパートナーの悦子氏に心からお礼を言いたい。本書に強調されるパートナーシップの重要性を体現し、続々と「アイデアを形にする」おふたりは、まさにこの本が目標とするクリエイティブチームのお手本だ。

私のDNAを色濃く受け継いだ整理下手の娘にこの本のさわりを話したところ、こう返された。「先生からいつも言われてるよ。机の整理は頭の整理って」。あぁ、耳が痛い。

２０１１年10月

関　美和

［著者］

スコット・ベルスキ
Scott Belsky

起業家。作家。

ゴールドマン・サックス、ハーバード・ビジネススクールを経て、ベハンスを創業。同社のCEOとして、毎月数百万人が訪れる世界的なクリエイター向けプラットフォーム「ベハンス・ネットワーク」を率いる。また、クリエイティブチームの実行面だけを専門に研究するシンクタンク「99%会議」、紙とウェブの両方に対応している仕事効率化アプリケーション「アクション・メソッド」の創始者。「2010年最もクリエイティブな100人」（『ファスト・カンパニー』誌）。

［訳者］

関 美和
Miwa Seki

翻訳家。

慶應義塾大学文学部卒業。電通、スミス・バーニー勤務の後、ハーバード・ビジネススクールでMBA取得。モルガン・スタンレー投資銀行を経てクレイ・フィンレイ投資顧問東京支店長を務める。主な翻訳書に、ハワード・ビーハー／ジャネット・ゴールドシュタイン著『スターバックスを世界一にするために守り続けてきた大切な原則』（日本経済新聞出版社）、デビッド・マギー著『ジェフ・イメルト　GEの変わりつづける経営』（英治出版）、ナンシー・ルブリン著『ゼロのちから──成功する非営利組織に学ぶビジネスの知恵11』（英治出版）、レイチェル・ボッツマン／ルー・ロジャース著『シェア──〈共有〉からビジネスを生みだす新戦略』（NHK出版）がある。

［英治出版からのお知らせ］
本書に関するご意見・ご感想を E-mail（editor@eijipress.co.jp）で受け付けています。
また、英治出版ではメールマガジン、Web メディア、SNS で新刊情報や書籍に関する記事、イベント情報などを配信しております。ぜひ一度、アクセスしてみてください。

メールマガジン：会員登録はホームページにて
Web メディア「英治出版オンライン」：eijionline.com
X / Facebook / Instagram：eijipress

アイデアの 99%

「1% のひらめき」を形にする 3 つの力

発行日	2011 年 10 月 25 日　第 1 版　第 1 刷 2025 年　4 月 20 日　第 1 版　第 4 刷
著者	スコット・ベルスキ
訳者	関 美和（せき・みわ）
発行人	高野達成
発行	英治出版株式会社 〒 150-0022 東京都渋谷区恵比寿南 1-9-12 ピトレスクビル 4F 電話　03-5773-0193　　FAX　03-5773-0194 www.eijipress.co.jp
プロデューサー	山下智也
スタッフ	原田英治　藤竹賢一郎　鈴木美穂　下田理　田中三枝 平野貴裕　上村悠也　桑江リリー　石崎優木　渡邉吏佐子 中西さおり　齋藤さくら　荒金真美　廣畑達也 佐々智佳子　太田英里　清水希来々
印刷・製本	中央精版印刷株式会社
装丁	大森裕二

ISBN978-4-86276-117-0　C0034　Printed in Japan